論理的思考を鍛える国語科授業方略

小学校編

【編集】
井上尚美
大内善一
中村敦雄
山室和也

溪水社

はじめに

大きな本屋さんへ行くと、最近よく売れているという本が山と積まれているのがまず目に入る。もちろん、文芸書や実用書が一番売れているが、眼を転じてサラリーマン向けのビジネス書を見ると、一昔前には無かった現象として、「論理的思考」や「批判的思考（力）」などというタイトルの本がたくさん並べられている。これは、レポートやプレゼン、また会議での発言を通じて厳しく問われる能力だからであろう（裏を返せば、学校ではそういう教育が行われていなかった証拠になる）。

一方、子ども向けの本では、注意しないと見過ごしてしまうが、ふつうの絵本や童話に混じって、子どもを対象にした「哲学」の本が、ひっそりと並べられている。例えば、惜しまれつつ夭折した池田晶子の『14歳からの哲学』（トランスビュー社）もあるし、「子どもだって哲学」シリーズ全五巻（『いのちってなんだろう』『自分ってなんだろう』など）（佼成出版社）、永井均他『子供のための哲学対話』（講談社文庫）、山下正男『論理的に考えること』ジュニア新書99（岩波書店）など。

こうした現象の底を流れているものは、青少年の道徳の荒廃や理性の欠如を何とか食い止めなければ、という大人の願いの表れといえる。また、教育界で、メディアリテラシーやＰＩＳＡの結果などを通じて、批判的な思考力の育成ということが注目されるようになってきた、という風潮の反映ということもあるであろう（ＰＩＳＡで世界一になったフィンランドの国語教育では、指導目標の柱として五項目が掲げられているが、その中に「論理力」と「批判的思考力」の二つが挙げられており、これらの能力が大変重視されていることがわかる)。

「哲学」というのは、それを専攻する研究者や学生だけのものではない。また、なにも難解な哲学書を読むことでもない。物事を①できるだけ深く根本から、そして②できるだけ広く、いろいろな立場に立って考え抜く(＝哲学する)ことなのである。つまり「自分の頭でようく考えよう」ということなのである。

右のように理解すれば、哲学は決して大人だけのものではないといえる。古典的名著として知られる、吉野源三郎著『君たちはどう生きるか』(岩波文庫)は子どものための哲学入門書といえるし、また、小・中の国語教科書でも、扱い方によっては「哲学する」ための教材となるものがある。例えば、

〈小学校〉「ぼくの世界・きみの世界」(教出6上)、「『便利』ということ」(教出4下)、「『分類』ということ」(光村3上)など。

〈中学校〉「言葉の意味はだれが決める」(学図中2)、「言葉の力」(教出中3)など。

これらの教材を、ただ段落に分けて筆者の言いたいことをまとめさせるだけで済ませるか、または、この教材を手がかりにして、子ども自身に物事を深く考えさせるきっかけにさせるかは、ひとえに教師の「意識」と「力量」とにかかっている。

これまでの日本の国語教育では、与えられた言語作品(文章・談話)を「正確に理解する」という「受信能力」が重視されてきた。ＰＩＳＡの結果が意外に大きな衝撃をあたえたのは、その点を衝かれたからであった。

これからの日本は、「発信能力」を重視すべきである。つまり、内向きの・受信型の国語教育ではなく、広く目を世界に向けて発信できる国語教育を目指すべきである。そうした観点からすると、本書で取り上げているような「論理的思考力」「批判的思考力」は不可欠のものだと私たちは考えている。そして、それらの能力を鍛えるためには、学習指導要領についても更なる改正が要求される。本書がそのためのパイロット・スタディに相当するものに

なればよいと私たちは願っている。「思考力育成」については類書も多いのであるが、本書は、それらとはひと味ちがうものを目指している。

「哲学」とは物事を深く・広く考え抜くことであると前に述べた。学校は思考力を鍛える場である。各教科で出合う具体的な問題に取り組み、解決しようと苦心することを通じてこそ、思考力は鍛えられるのである。国語科でいえば、毎日の地道な言語活動、授業での教師と子どもとの言語コミュニケーションの中で訓練していく以外にないのである。本書が、志を同じくする先生方の実践・研究に少しでもお役に立つことを、執筆者一同願っている。

本書の構成は三部に分かれている。第一部〈実践編〉では、「読むこと」「書くこと」「話すこと・聞くこと」及び従来の「言語事項」の中の「文法」について、それぞれ低・中・高学年の段階別に〈文法は低・高学年のみ〉すぐれた実践家による授業が、実践記録とともに述べられている。第二部〈調査・研究編〉では、ある一定の時期、学校の現場を離れて大学院に派遣された教員による修士論文や研究発表の一部を収録した。これらは、現場に密着した立場からの論だけに、強い説得力を持っている。さらに第三部〈基礎理論編〉は、広い意味で「言語論理教育」に賛同する立場の編者達による研究論文である。この領域における今後の方向性を示そうと試みている。

おわりに、本書の成立に際し、溪水社の木村逸司社長及び編集の木村斉子さんには一方ならぬお世話になった。ここに深く感謝の意を表する。

二〇一一年十月

井上　尚美　　大内　善一
中村　敦雄　　山室　和也

『論理的思考を鍛える国語科授業方略』小学校編　もくじ

◎書くこと

2　「言葉って、おもしろいな」
――寸劇活動を通して、言葉の使い方を工夫しよう（小5）――

［調査・研究編］

一　入門期説明文から始める論理的思考の指導

［基礎理論編］

論理的思考を鍛える国語科授業方略〈小学校編〉

実践編

実践編

第2学年

読むこと

文章パズルに挑戦しよう

――文章の構造や表現の特徴についての理解を深め、自分の文章に用いる――

単元のプロフィール

◎説明的な文章の学習において、子どもたちが、文章の内容はもちろん、その構造や表現の特徴について理解することができるよう、本単元では、「絵や写真と文章とを結び付けながら読む」（文章の内容を理解する）、「文章パズルに取り組む」（文章の構造や表現の特徴を理解する）という活動を設定した。また、文章の構造や表現の特徴についての理解を深めるために、教師の自作した別の文章で「文章パズルに取り組む」活動を設定した。さらに、理解した文章の構造や表現の特徴を自分の文章でも用いることができるよう、単元の最後に「説明する文章を書く」活動を設定した。本単元で取り上げた教材は、『たんぽぽのちえ』（光村二上）と『あかとんぼのせい長』（自作）である。

◎目標基準を踏まえた指導計画（十三時間）

① 生き物の絵や写真を並べ替えて、絵や写真と文章とを結び付けて考えることに気付くことができる。

②　絵や写真と結び付けながら、たんぽぽの様子とそのわけを読み取ることができる。（一時間）
③　『たんぽぽのちえ』の文章パズルに取り組み、文章全体が時間の順序に沿って説明されていることや、様子とそのわけという事柄の順序で説明されていることを捉えることができる。（五時間）
④　『あかとんぼのせい長』の文章パズルに取り組み、『たんぽぽのちえ』で学習した文章の構造や表現の特徴を用いて、文章を構成することができる。（一時間）
⑤　生き物が成長（生長）していく様子や、様子とそのわけを説明する文章を書くことができる。（一時間）
（五時間）

◎実践に際して工夫した点

○　子どもたちの生活経験を基に、複数の生き物の絵や写真を成長（生長）の過程ごとに用意した。
○　たんぽぽの様子とそのわけを読み取っていく際には、教科書の挿絵だけでなく、説明されているたんぽぽの様子に合わせて、必要な絵や写真を用意した。
○　『たんぽぽのちえ』の文章パズルは、文章を段落ごとに分け、たんぽぽの様子とそのわけを説明している段落をつなげると一つの枠に収まるように作成した。
○　自作した『あかとんぼのせい長』は、文章全体が時間の順序に沿って説明されていること、様子とそのわけという事柄の順序で説明されていること、様子とそのわけの文末表現が異なっていることなど、『たんぽぽのちえ』の文章の構造や表現の特徴を踏まえた文章とした。

1. 同じ生き物の絵や写真を見付けて、並べ替えてみよう（一時間）

「たんぽぽ」「いね」「ちょう」「かぶとむし」など、子どもたちのよく知っている植物や昆虫などの絵や写真を提示する。

「あ、かぶとむしだ。ぼくの家に幼虫がいるよ」

「幼虫の写真もあるよ」

『よく知っているね。では、どの写真がそうかな？』

「これが、かぶとむしの幼虫」

「これは、蛹の写真だ」

「これは、卵を産んでいるところ」

このように、他の絵や写真も、同じ生き物ごとにまとめていった。

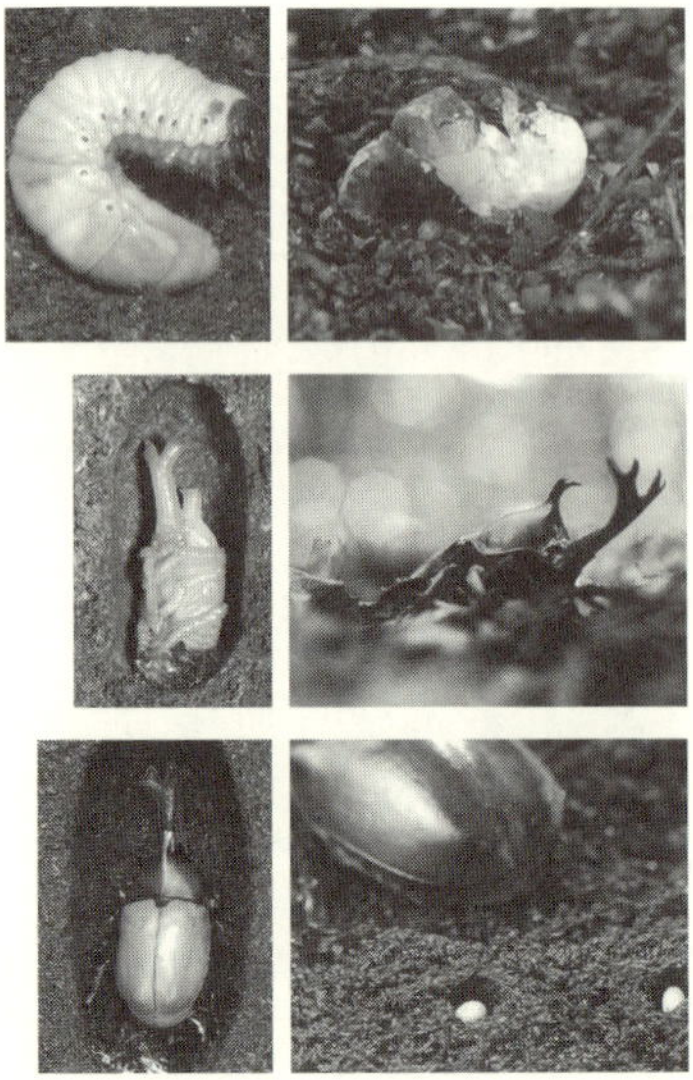

発問

絵や写真を、順番に並べ替えてみよう。


「最初は、卵を産んでいるところ」

「卵を産んでいるのは、一番最後だよ」

「でも、卵から幼虫になって、次は蛹で……やっぱり、卵を産んでいるところが最初だと思うな」

子どもたちは、卵を最初にするか、最後にするかで意見が分かれた。

『では、たんぽぽの絵は、どんな順番になるでしょう』

「黄色い花が咲いている絵が一番最初」

賛成の声が多数。

『どうして、この絵が一番最初なの？』

「だって、教科書で読んだことがある」

「文章の順番だから、これがいいと思う」

「他の生き物の絵や写真も、文章があれば、順番に並べられる」

本単元の学習では、絵や写真と文章とを結び付けながら、読んだり書いたりしていくということを子どもたちに意識させるために、文章があることで絵や写真の順番をはっきりさせることができるということを確認し、本時のまとめとした。

2. 文章に合う絵や写真と、その証拠を見付けよう（五時間）

次ページのような学習プリントを用意し、たんぽぽの様子とそのわけを読み取っていった。

学習プリントを拡大したものを黒板に掲示し、ア～キの絵や写真を提示した。

『一番最初にはどの絵や写真が当てはまりますか？』

「イの絵だと思う」

賛成の声が多数。

たんぽぽの ちえ①（　　　　　　）

春に なると、たんぽぽの 黄色い きれいな 花が さきます。

二、三日 たつと、その 花は しぼんで、だんだん くろっぽい 色に かわって いきます。そうして、たんぽぽの 花の じくは、ぐったりと じめんに たおれて しまいます。

けれども、たんぽぽは、かれて しまったのでは ありません。花と じくを しずかに 休ませて、たねに、たくさんの えいようを おくって いるのです。こうして、たんぽぽは、たねを どんどん 太らせるのです。

やがて、花は すっかり かれて、その あとに、白い わた毛が できて きます。

この わた毛の 一つ一つは、ひろがると、ちょうど らっかさんのように なります。たんぽぽは、この わた毛に ついて いる たねを、ふわふわと とばすのです。

たんぽぽの ちえ②（　　　　　　）

このころに なると、それまで たおれて いた 花の じくが、また おき上がります。そうして、せのびを するように、ぐんぐん のびて いきます。

なぜ、こんな ことを するのでしょう。それは、せいを 高く する ほうが、わた毛に 風が よく あたって、たねを とおくまで とばす ことが できるからです。

よく 晴れて、風の ある 日には、わた毛の らっかさんは、いっぱいに ひらいて、とおくまで とんで いきます。

でも、しめりけの 多い 日や、雨ふりの 日には、わた毛の らっかさんは、すぼんで しまいます。それは、わた毛が しめって、おもく なると、たねを とおくまで とばす ことが できないからです。

このように、たんぽぽは、いろいろな ちえを はたらかせて います。そうして、あちらこちらに たねを ちらして、新しい なかまを ふやして いくのです

ア
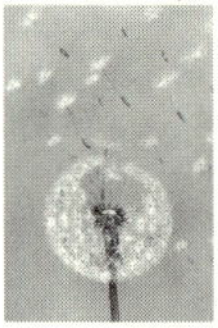
イ

ウ

エ

オ

カ

キ

発　問

文章に書いてあることから、イの絵がピッタリと当てはまる証拠を見付けよう。


各自、学習プリントの根拠となる叙述（証拠）に線を引く。

『イの絵が当てはまる証拠は見つかりましたか？』

「『たんぽぽの黄色いきれいな花がさきます。』というところ」

「付け足しで『春になると』もそうだと思う」

この意見に対して、賛成、反対の声。そこで、絵や写真から、『春になると』が分かるかどうかを話し合った。

「絵からは、お天気がよさそうなのは分かるけれど、『春』だとははっきりと分からない」

「『春になると』は時間の言葉だから、絵には描かれていないと思う」

（時間の言葉とは、一年生の『どうぶつの赤ちゃん』で子どもたちが学習した「二か月ぐらい」「つぎの日には」などの時間の経過を表す言葉のことである。）

話合いの結果、『春になると』は、イの絵が当てはまる証拠としては、含まれないこととなった。そして、たんぽぽの様子のみが書かれている叙述を絵や写真が当てはまる証拠として見付けていくことを確認した。

板　書

・時間のことば＝『春になると』
・ようす＝『たんぽぽの黄色いきれいな花がさきます。』（えやしゃしんのたんぽぽのようす）

『次は、どの絵や写真が当てはまりますか?』

「オの絵だと思う」

イの絵と同様に、その証拠を見付けて発表。その中で、次のような意見が出された。

「オの絵は、次の『けれども……』のところにも当てはまると思う」

「『二、三日たつと……』と、『けれども……』の両方に当てはまる」

『オは、どちらかに当てはまる?それとも、両方?』

「『たんぽぽは、かれてしまったのではありません。』というのは、絵とは少し違う」

「『たねに、たくさんのえいようをおくっているのです。』というのは、絵には描かれていない」

「『たねをどんどん太らせるのです。』も、オの絵には当てはまらない」

「『けれども……』のところは、なんでたんぽぽがそんな様子になっているのか、そのわけが書かれている」

板　書

・ようすのわけ（なぜ、そのようなようすなのか）

これ以降の段落についても同様に、絵や写真と叙述とを結び付けながら、一時間ごとに、たんぽぽの様子とそのわけを読み取っていった。そして、読み取ってきたたんぽぽの様子とそのわけをつなげる形で「たんぽぽのちえ」として、次のようにまとめた。

たんぽぽのちえ＝あちらこちらにたねをちらして、新しいなかまをふやしていくためのちえ

①花のじくをぐったりとじめんにたおして（様子）、花とじくを休ませて、たねを太らせる（わけ）ちえ。
②白いわた毛ができてきて、一つ一つは、らっかさんのようになって（様子）、わた毛についているたねをふわふわととばす（わけ）ちえ
③花のじくが、またおき上がって、せのびをするようにぐんぐんのびていって（様子）、わた毛に風をよく当てて、たねをとおくまでとばす（わけ）ちえ
④よく晴れて、風のある日には、わた毛のらっかさんは、いっぱいにひらいて、しめりけの多い日や、雨ふりの日には、すぼんで（様子）、たねをとおくまでとばす（わけ）ちえ

3. 文章パズルのコツは？（一時間）

パズルの枠とピース（各段落とたんぽぽの様子を表す絵や写真）を子どもたちに配布。
「簡単にできそう」「文章を知っているから簡単だ」
すでに学習した文章なので、五分程度で全員の子どもがパズルを完成させることができた。

発　問
文章パズルを早く完成させるためのコツを見付けよう。

十五分程度の時間をとって、繰り返しパズルに挑戦してみる。回数を重ねるごとに、子どもたちは、早くパズルを完成させることができるようになってきた。コツを見付けたようである。

『どんなコツが見付けられたかな?』

「どれも、最初に時間の言葉があるから、それを見付けると早くできる」

「先に時間の順番に、様子だけ並べるとよい」

「様子とわけに同じ言葉が出てきて、それがつなげられる」

「様子とわけでつながるから、文の最後が『―ます。』になっているものと、『―のです。』『―からです。』になっているものを見付けて、先に分けるとよい」

「『このように』は、まとめだから、まとめは、最後の枠に入れればよい」

パズルのコツとして見付けた文章の構造や表現の特徴を、子どもたちが発見した喜びや驚きを大切にして、「書き方の秘密」と定義した。

板　書

『たんぽぽのちえ』のかき方のひみつ

・時間のじゅんじょ（さいしょに時間のことば）
・「ようす→わけ」のじゅんじょ
・ようす＝「―ます。」
・わけ＝「―のです。」「―からです。」
・ようすとわけに同じことば
・さいごにまとめ

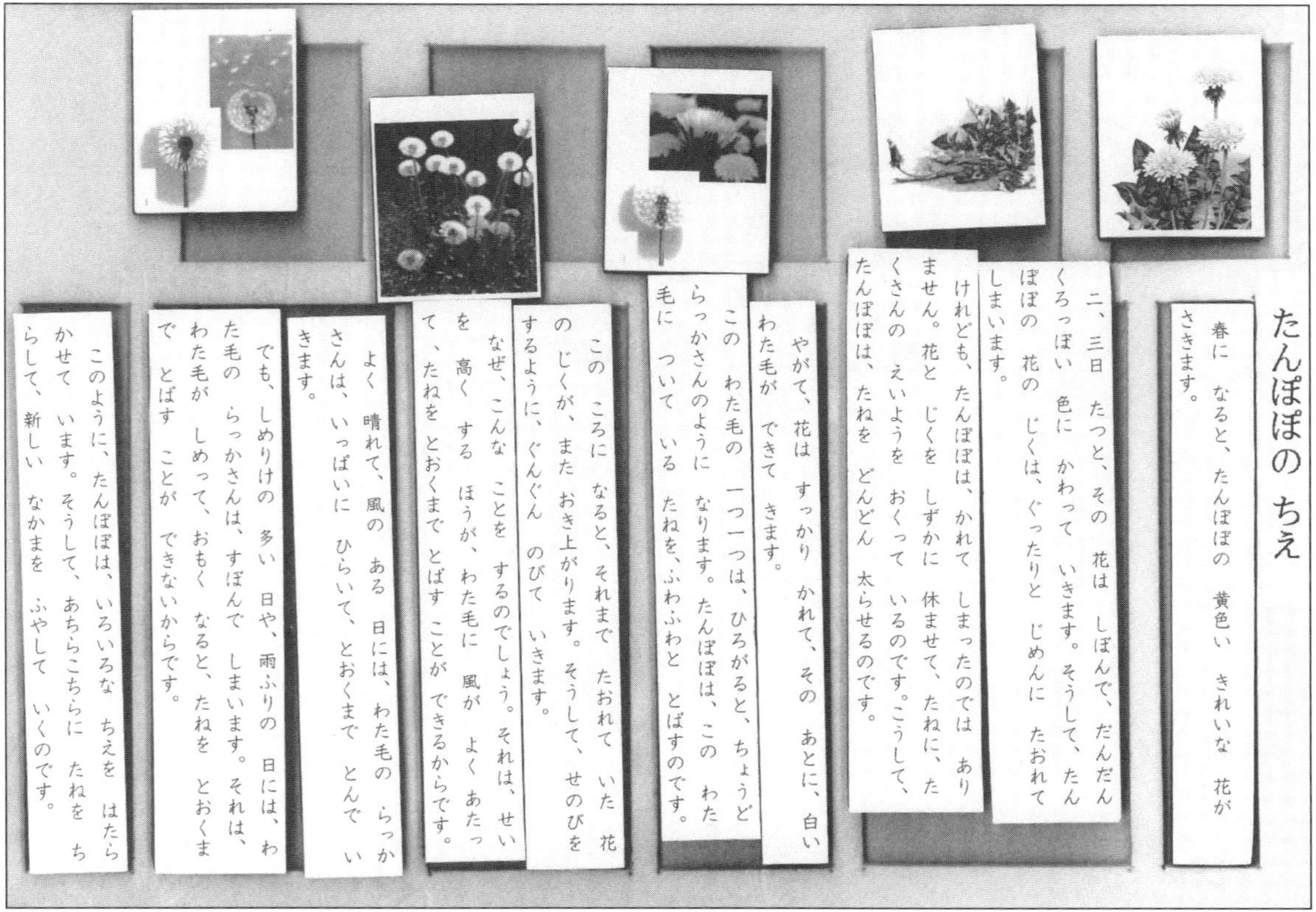

『たんぽぽのちえ』文章パズル

4. 書き方の秘密を使って、別の文章パズルに挑戦しよう（一時間）

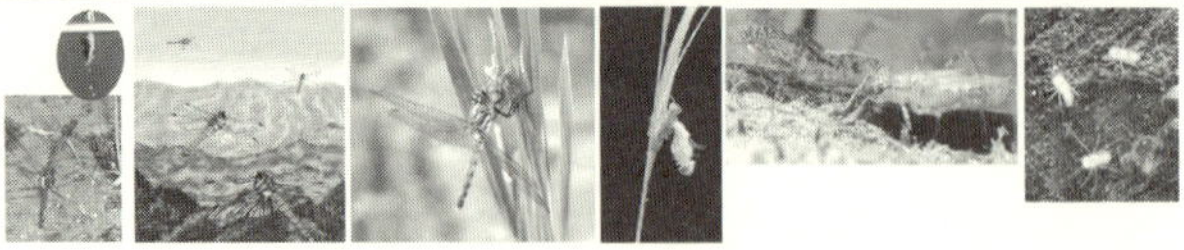

あかとんぼの せい長

春に なると、田んぼや いけの水の中で、あかとんぼの 子どもが、たまごから かえります。あかとんぼの子どもは、やごと よばれます。

三か月ぐらいの あいだ、やごは、水の 中で えさを 食べながら、なんかいも かわを ぬいで 大きく なって いきます。

やごの かわは、かたくて、おなじ かわを ずっと きて いたのでは、大きく なれません。そこで、からだを 大きく するために、なんかいも かわを ぬがなければ ならないのです。

なつの はじめの よる、やごは、さいごの かわを ぬいで、おとなの あかとんぼに なります。そして、一日中 はねを ひろげたまま、じっと して います。

なぜ、こんな ことを して いるのでしょう。それは、はねを しっかりと かわかさないと、げん気に とびまわる ことが できないからです。

やがて、からだが じょうぶに なると、あかとんぼは、山へ むかって、とんで いきます。

山には、なつでも すずしい 風が、ふいて います。あかとんぼは、あつさに よわいので、すずしい 山で、なつの あいだを すごして いるのです。

あきに なると、あかとんぼは、また、田んぼや いけに もどって きます。そして、おすと めすが 出あい、めすは、水の 中に たまごを うみおとします。こうして、新しい いのちを のこし あかとんぼは、みじかい 一生を おえるのです。

自作教材『あかとんぼのせい長』とパズルに挑戦する子どもの様子

文章の構造や表現の特徴についての理解を深めるために、子どもたちが初めて出会う文章で、文章パズルに挑戦するという活動を設定した。本時は「『読むこと』から『書くこと』への橋渡し」といった位置付けである。

最初のうちは戸惑う子どもも多かったが、次第にパズルを完成させる子どもが増えていった。前時で見付けた「書き方の秘密」を使って、ピースがつながる理由や、枠に当てはまる理由を説明し合う姿も見られた。

【学習感想から】

・時間の言葉を見付けて、絵や写真と合わせながら順番に様子を入れていったら、うまくパズルができた。

・様子とわけの文の最後や、様子とわけに同じ言葉を見付けたらうまくつなげられた。

・成長していく順番に、絵や写真と文章を合わせながら入れていったら、うまくパズルができた。

5. 書き方の秘密を使って、文章を書いてみよう（五時間）

生き物について書かれた本を読んで、説明に必要な事柄を見付ける際にも、「時間の言葉があった」「様子とそのわけが見つかった」などの声が多く聞こえてきた。子どもたちが作った文章を読むと、時間の順序に沿って生き物が成長（生長）していく様子や、生き物の様子とそのわけがしっかりと説明できている。理解した文章の構造や表現の特徴を自分の文章でも用いることができていた。作品例を三例挙げる。

6. 達成基準を踏まえた学習の評価

① 絵や写真と文章とを結び付けて、たんぽぽの様子やそのわけを読み取ることができた。

② 『たんぽぽのちえ』の文章が、時間の順序に沿って説明されていることや、様子とそのわけという事柄の順序で説明されていることを捉えたり、文末表現の違いなど

様子とそのわけを説明した文章

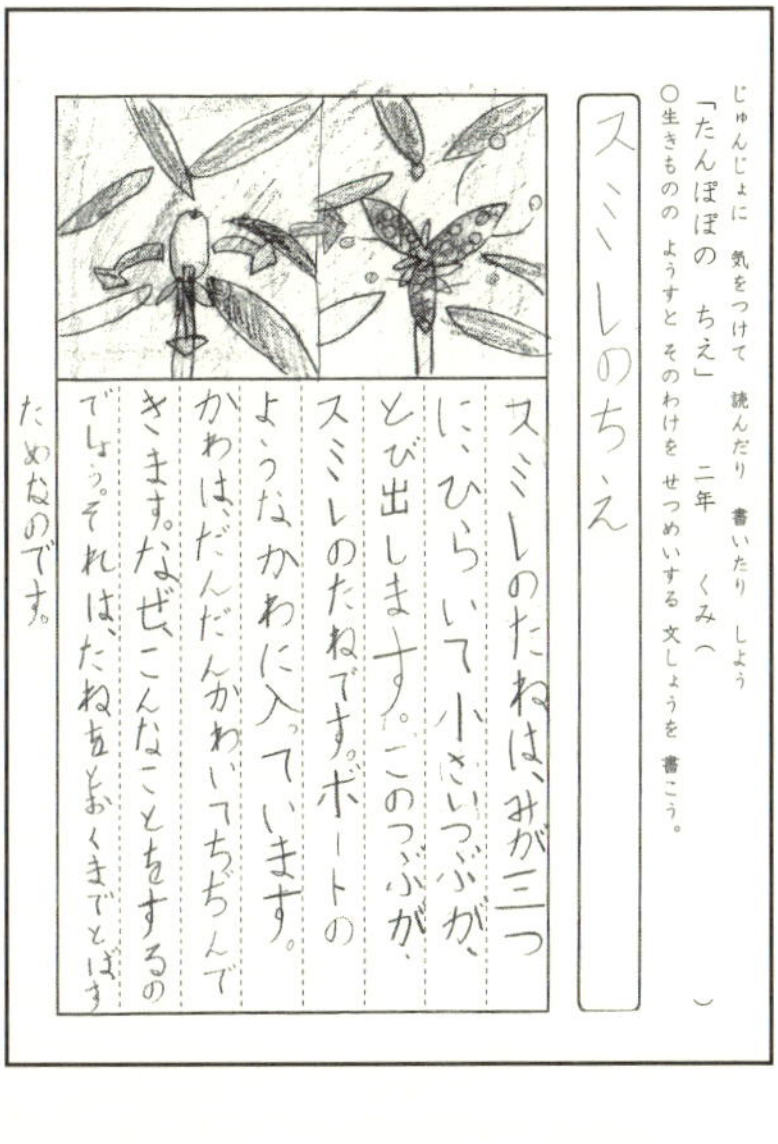

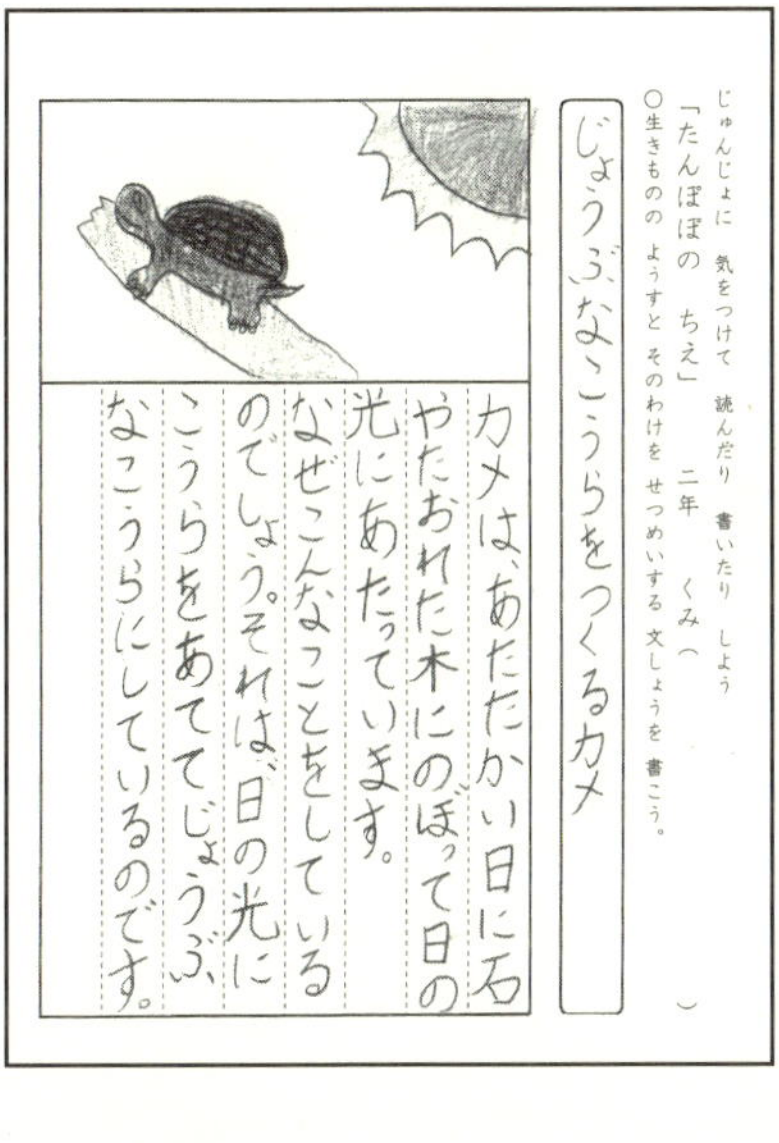

じゅんじょに 気をつけて 読んだり 書いたり しよう

「たんぽぽの ちえ」　二年　くみ（　）

○生きものが せいちょうして いくようすを せつめいする 文しょうを 書こう。

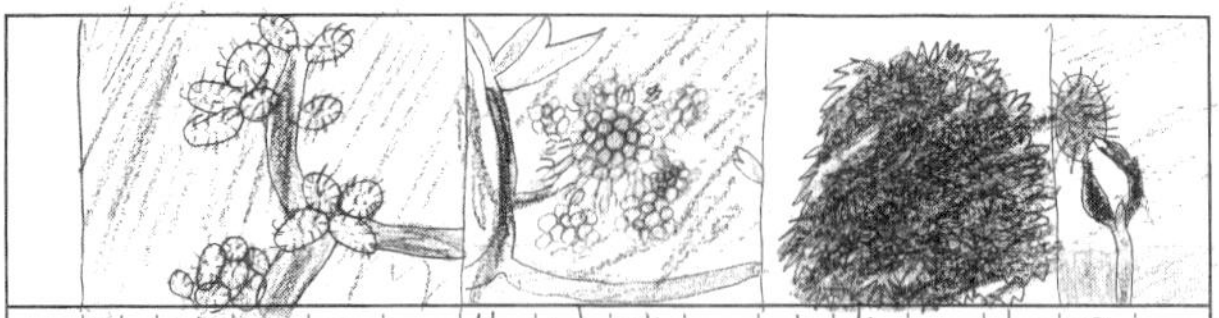

オナモミのせいちょう

オナモミの実は、

春になるとからをやぶって根《ね》を
のばしはじめます。そのときはま
だはっぱにからがついています。
夏《なつ》になりました。春にめばえ
た、たくさんのオナモミが川原《ら》
をうめつくしています。
夏のおわりごろ、ギザギザした
花をさかせます。花には、花びら
はありませんが、ところどころ、ほんの
りと赤みをおびています。
秋《あき》になりました。川原のオナ
モミは、夏よりも大きくのびて、た
くさんの実《み》をつけました。お
花からとんできた花ふんをうけとって、
め花が大きくふくらんだのです。
秋《あき》がふかまりました。実はじゅくして

生長していく様子を説明した文章

じゅんじょに 気をつけて 読んだり 書いたり しよう

「たんぽぽの ちえ」　二年　くみ（　）

○生きものが せいちょうして いくようすを せつめいする 文しょうを 書こう。

茶《ちゃ》色くなりました。これで、人《ひと》や動《どう》
物にくっついてはこばれるじゅんび
ができました。
冬《ふゆ》にはすっかりかれてしまいます。
オナモミのくきは、かれたあとも、
たくさんの実をつけたまままっす
ぐ立っています。それは、だれかに
はこんでもらえるのをじっとまって
いるからです。

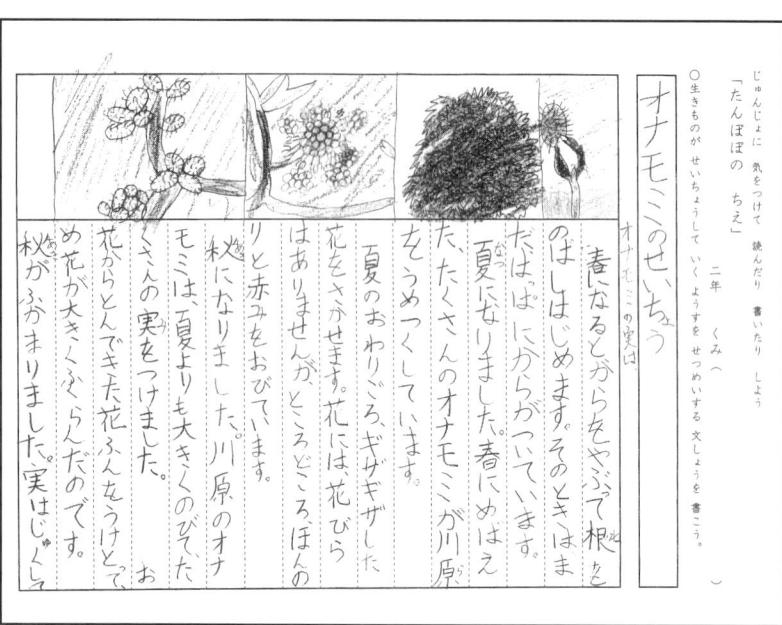

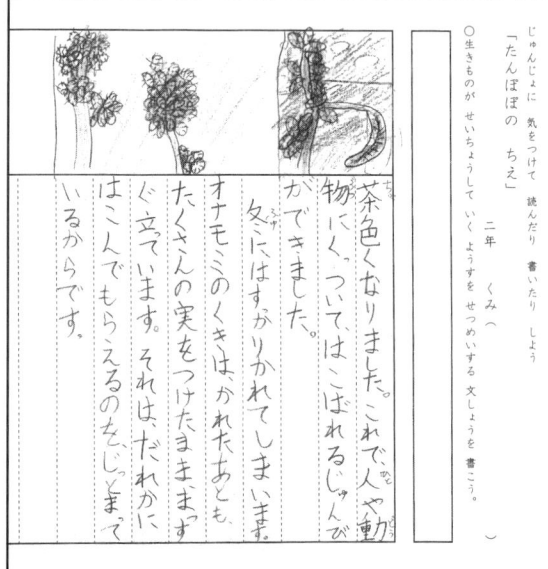

の表現の特徴を理解したりすることができた。

③　理解した文章の構造や表現の特徴を用いて、文章を構成することができた。

④　時間の経過を表す言葉を用いたり、様子とそのわけの文末表現の違いに気を付けたりしながら、生き物が成長（生長）していく様子や、生き物の様子とそのわけについて説明する文章を書くことができた。

7．実践後の反省と今後の課題

絵や写真と文章とを結び付けながら読んでいくことで、子どもたちは、絵や写真で表されていることが、文章の中でどのような言葉で表されているのか、また、言葉が具体的にどのようなことを表しているのかを、明確に捉えることができた。さらに、二種類の文章パズルに取り組むことで、文章の構造や表現の特徴について理解し、その理解を深めることができた。このことは、本を読んで、説明に必要な事柄を見付ける際に、また、実際に説明する文章を書く際に、しっかりと生かされていた。今回の実践では、「文章パズルに挑戦する」という活動を位置付けたが、今後も「理解すること」から「表現すること」への「橋渡し」ができるよう、単元を構想していきたい。

（新井　正樹）

実践編

第3学年

読むこと

文章の大事なことばを階段の図で表そう

――重要語句を上位語・下位語で整理する――

単元のプロフィール

◎小学校「言語論理教育」指導の手引（改定案）中学年A語イ「指示語、接続語の文章展開上の機能を理解し、使うことができる」、ウ「上位概念と下位概念の関係を理解し、また表現することができる」。これら二つの内容を学習するために、光村三年「すがたをかえる大豆」を学習材として選んだ。重要語句の連鎖について、語句同士の上位・下位を比較することによって整理し、その階層構造を階段状に図解化することによって視覚的に分かりやすくなるようにした。また、読むことを通して学習したことを、書くことの学習にも生かせるようにした。

◎目標基準を踏まえた指導計画（十時間）

① アニマシオンの「ダウトをさがせ」によって全文を一読し、文章全体の内容を把握することができる。（一時間）

② 文章の中から重要語句を取り出すことができる。（一時間）
③ 重要語句を上位語・下位語の観点から分類整理することができる。（三時間）
④ 文章全体を階段状に図解化することができる。（二時間）
⑤ 教材文の重要語句の連鎖の仕方（階層構造）を使って、自分の選んだ話題について文章を書くことができる。（三時間）

◎実践に際して工夫した点

○ 教科書上巻で学習した分類の仕方を生かして、本文の重要語句を分類・整理させた。
○ 重要語句を上位・下位という観点から分類・整理させた。
○ 教材文の接続語や重要語句の連鎖の仕方（階層構造）を使って文章を書かせた。

1. 大事なことばを階段の図で表すとスッキリ分かるね

授業が始まる前に、前時に子どもたちが取り出した重要語句（短冊）を黒板に貼っておく。

『前の時間には、黒板に貼ったようなことばを取り出すことができましたね』

「あのことばは、僕が発表したことばだよ」

黒板に貼ったのは、次のような語句である。

板　書

ざいりょう　肉　やさい　米　パン　麦　大豆　くふう　いる（いったり）　にる（にたり）　豆まきに使う豆
に豆　黒豆　茶色の豆　白色の豆　いろいろな色の豆　ひく（ひいて）　きなこ　えいよう　ちがう食品
ナットウキン　なっとう　コウジカビ　みそ　しょうゆ　えだ豆

『今日は、前の時間にみんなで見つけた「すがたをかえる大豆」の大事なことばを、以前に分類のところで学習したように階段の図で表してみましょう。覚えているかな？』

語句を階段状に図解化した次のような図をプリントしたものを配布する。

「覚えてる！」

「あ、これか！思い出したよ」

※　子どもたちは、同じ教科書で『「分類」ということ』の学習を本学習の数カ月前に行っている。そこでは、今回のようなことばが階段状に並ぶ図をつくった。この図は、左のように抽象の段階が高いほど上に記入する。子どもたちはこの図を「階段の図」と命名した。

階段の図

文ぼう具
　書く物
　　えんぴつ
　　　ふつうのえんぴつ（黒）

板　書

「すがたをかえる大豆」の大事なことばを階段の図で表そう。

『分類の時にやったように、黒板のことばを分類していきます。ざいりょうと肉では？』

色えんぴつ
　赤青えんぴつ
シャーペン
　0・5ミリ
　0・7ミリ
　0・9ミリ
ペン
　書き方ペン（黒・水性）
　油性ペン
　　なまえペン（細・極細）
　　　太・極太
　顔料ペン
消す物
　消しゴム
　しゅうせいえき
測る物
　（細長い）じょうぎ
　三角じょうぎ
　分度器

「ざいりょうが上です」
『どうしてですか？』
「肉のほかにやさいや米、パン、麦、大豆を合わせるとざいりょうになるからです」

板書

ざいりょう
　肉
　やさい
　米
　パン
　麦
　大豆

指示

他のことばも語と語を比べながら分類してみよう。

子どもたちは、まずは個人で重要語句の分類・整理を行った。次に、四人グループでお互いの分類について検討し合った。そして最後に、全体で意見を交換しながら図を完成させた。

指　示
階段の図を見ながら、もう一度本文を読んでみよう。

子どもたちは、完成した階段の図と教科書を並べ、交互に見比べながら文章を読んだ。

「階段の図で表すと文章がすっきりとわかるね」

「ほかの文章も階段の図を作るとよく分かるかも」

子どもたちは、自分なりに階段の図の生かし方を考えることができたようである。

2．階段メモをもとに文章を書いてみよう

『今度は、今回学習したことを使って、自分の好きな物、興味のある物についての文章を書いてみましょう』

「難しそうだな」

「どのように書けばよいのかな」

「何について書こうかな」

『先生が一つ作ってきてみました』

文章メモをプリントしたものを配り、モデル教材を音読して聞かせる。

『今読んだ文章は、みなさんに配ったメモを作ってから書いています。』

「これなら書けそう」

メ　モ

附属小での生活
みがきあいの時間
国語
算数
理科
社会
音楽
図工
体育
ひびきあいの時間
ひびきの時間
にじの時間
ゆめの時間
ふれあいの時間
はらから活動
クラブ活動
いちょう活動
こころの時間

モデル教材

附属小での生活にはいろいろな時間があります。

まず、みがきあい（教科）の時間です。三年生では、国語、算数、理科、社会、音楽、図工、体育を学習します。ほかにも、五年生と六年生では家庭科を学習します。

次に、ひびきあいの時間（総合）があります。学年で行うのが、ひびきの時間です。学級で行うのが、にじの時間です。ほかにも、一年生と二年生が行うゆめの時間（生活科）もあります。

また、ふれあいの時間（異年齢活動）もあります。一年生から六年生までがはらから班をつくり、一しょに活動するのが、はらから活動です。ほかにも、四年生以上がスポーツや音楽などの活動を楽しむクラブ活動や五年生と六年生が学校のために自分ができることを行ういちょう活動（委員会）もあります。

さらに、こころの時間もあります。この時間には、自分のふだんの生活を見直したり（道徳）、友だちといろいろな活動をつくったりします。（学級活動）

これらのほかに、朝休みや中休み、昼休みなどの時間もあります。休み時間には、ほそう運動場などでいろいろな遊びをすることができます。

自分のふだんの生活を見直す
友だちと活動をつくる

このように、附属小での生活にはいろいろな時間があります。附属小の子どもたちはこれらの活動を行いながら元気に生活しています。

『みなさんはどんな題材で文章を書きますか』

「僕は、虫が好きだから、いろいろな虫について書いてみよう」

「私は、テニスを習っているから、テニスのわざについて書いてみようかな」

子どもたちは、各自の興味や関心に基づいて、文章に書く題材を選んでいった。

例えば子どもたちは次のような題材を選んだ。

野球のチーム　バレエの練習（練習内容）　砂糖の種類　ミニバスケットボールのテクニック　医者の種類

ポケモン（アニメのキャラクター）の種類　教科　四季の花　昆虫の種類　恐竜　泳ぎ方　カードゲーム

その後、それぞれメモを作り、それをもとに文章を書いていった。

子どもが書いた文章を次に一つのせておく。

野球チームには、いろいろな種類があります。

まず、プロ野球チームです。プロ野球チームは大きく分けて二つあります。セントラルリーグとパシフィックリーグです。セントラルリーグには、巨人、ヤクルト、阪神、広島、中日、横浜があります。パシフィックリーグには、西部、オリックス、楽天、日本ハム、ソフトバンク、ロッテがあります。

次に、大学野球があります。全国のいろいろな大学の野球チームが集まって大会が行われますが、中でも東京六大学の野球が有名です。

また、高校野球があります。春と夏には、四十七都道府県の代表が日本一を目指して甲子園で大会が行われます。

さらに、少年野球があります。少年野球には、プロ野球や高校野球と同じようにこう式ボールを使う野球と、なんしきボールを使う野球の二種類があります。

これらのほかに、社会人チームによる野球や野球が好きな人たちが集まって行う草野球などもあります。

このように、野球チームには、いろいろな種類があります。

書き終えた文章は、一時間を使ってお互いに文章を読み合った。

学習形態は、四人一組で九班編成とした。

文章は、まず一班に四部ずつランダムに配付する。五分を一セットとして、五分おきに文章を隣の班にまわす。（どの班に回すかは、あらかじめ決めておく）九班あるので、全部で九セット行うことになる。作文用紙（原稿用紙）とともに白紙を綴じ込んでおき、文章を読んだ感想を一言ずつ記入できるようにした。

短時間ではあったが、皆、真剣に友達の文章を読む姿が見られた。終了後は、もどってきた自分の文章に綴じられた用紙に書かれた友達の感想を夢中で読んでいた。

最後に、友達の文章を読んで気付いたことやよいと思ったところなどを全体で発表し合った。

3. 達成基準を踏まえた学習の評価

① 「ダウトをさがせ」を行うことにより、重要語句が変わると文脈が乱れてうまくつながらないことから、書き手は一つ一つのことばに役割をもたせて書いていることに気付いた。
② 文章の中での役割や他の語句との関係を考えながら、重要語句を取り出すことができた。
③ 重要語句同士を上位・下位の観点で比較すると、すっきりと分類整理することができることが分かった。
④ 文章全体を階段状に図解化すると、一目で文章全体の内容が概観できることが分かった。
⑤ 自分が伝えたい話題について、どのように内容を配列すればよいかを考えながら文章を書くことができた。

4. 実践後の反省と今後の課題

今回の実践を通して、言語論理教育の観点から、次のような成果が得られた。

一つは、文章の中から語を取り出し、分類・整理することとを学習の中心にしたため、語と語の上位・下位という観点から内容をとらえることができたことである。

二つは、読むことの活動だけでなく、書くことの活動を入れたことで、階段の図や接続語の文章展開上の機能をより実感的に理解し、使うことができたことである。

今後の課題としては、次のようなものが挙げられる。

一つは、書くことの参考として示したモデル教材についてである。

内容はもちろん違ってはいるものの、子どもたちの多くは教師が示したモデル教材の文章とほぼ同じ構成の文章を書いていた。今回に関しては、学習の第一歩だったのでそれでもよかったのかもしれないが、今後は、モデル教材を示すときに添えることばを吟味するなどして、子どもたちの発想をより生かすことができるようにしたい。

二つは、ほかの文章で今回のような方法がうまく機能するかどうかである。

今回の方法が「すがたをかえる大豆」の文章のもつ特質が今回の方法に合っていたからなのか、ほかの文章でも有効に働く方法なのかといったことを、今後の学習の中で検討していきたい。

（高木　輝夫）

実践編

第5学年

読むこと

「先生、わかるって楽しいね。モヤモヤしていたものがスッキリしたよ」

――重ね読みや身近な例を通して、実感を伴いながら思考を深め想像を広げていく――

単元のプロフィール

◎宇宙にいったことはあるだろうか。宇宙から地球を見たらどのような感じになるのだろうか。この世には自分で体験できないことが数多くある。その未体験の部分を埋めてくれるのが読書である。子どもは読む活動を通して書き手の世界観に近づき、言葉によって思考力や想像力を高めていくのである。

これは、未体験をどうやって追体験するのか。どうしたら地球上にいて、宇宙から地球を見た筆者の気持ちに近づくことができるのか、さまざまの試みを駆使して取り組んだ実践である。

「神様は読書の時間を作ってはくれなかった」とよく言われる。つまり、読書は能動的な行為であり、だれかが時間を作ってくれるわけではない。その習慣は幼いときに身に付けないと大人になってからでは時間と労力を要する。しかし、子どもの読書活動は個人差が大きく、多くの子どもが受け身であり、その読書傾向は場当たり的でなもので、自らの必要感に応じて目的的な読書を行ったり、これまでの読書生活を客観的に見つめたりするまでには至っていないのが実情である。また、学びは自らのなかで思考を深めたり想像を広げたりすることに支えられているが、残念ながらそれらの高まりを十分に実感できているとは言い難い。子どもが直感的にわかったと感じていることに光を当てて思考力や想像力の高まりに気付かせてやることが、学びの楽しさになると考えた。

◎目標基準を踏まえた指導計画（七時間）

① 『宇宙を見たよ』を読み、筆者の伝えたいメッセージについて考える。（一時間）
② 筆者の伝えたいメッセージと身近な体験を結びつけて考える。（一時間）
③ 本文からとらえた自分なりのテーマを深めるために、関連する図書資料を探し読み深める。（二時間）
④ 自分なりに感じた筆者のメッセージを関連する図書資料によって検証して伝える準備をする。（二時間）
⑤ 自分なりに感じた筆者のメッセージを根拠をもとに伝え合い、相互評価する。（一時間）

◎実践に際して工夫した点

○ 子どもが思考を深めたり想像を広げたりして、興味・関心をもって読むことのできる教材を選択した。
○ 思考力や想像力を高めることに役立つ方法（イメージマップ・図式化・例え・数値化・証明）を通して、体験する場面を保障した。
○ 教材の中から子どもが感じたメッセージを検証するために、もう一冊の図書資料を選ばせて重ね読みをしながら理解の深まりを助けていく。
○ 「話す」「聞く」「書く」などの言語活動と響き合わせて互いに学び合うことで認め合う相互評価活動を

取り入れた。

1. 宇宙にいった気持ちわかる？（二時間）

『宇宙をみたよ』は、一九九二年、毛利衛さんを乗せたスペースシャトル、エンデバーが宇宙に向かって打ち上げられる、そのときのことを写真で示しながら描いた科学読み物の絵本である。読み聞かせるうち、秒速八km、音の二十五倍のスピード、で打ち上げられる、地球のまわりを時速三万kmで回り続けるなど、日頃の生活からは想像もできないほどの速さや大きな数値が続き、写真を補っても子どもたちにはどう想像してよいかわからなかった。ぴんと来ないと言う方が当てはまるだろうか、理解が難しく閉口した顔、顔、教室はわからないという空気に包まれた。読み終わって

『毛利さんは、みんなに何を伝えたかったのかな』

と尋ねると、子どもたちのぱっとしない表情、時計を見るしぐさ、こんなとき教師をして一番いたたまれず、教師であることを恥じる瞬間だ。こんな場面に遭遇するのは私だけだろうか。

「宇宙に行ったことないし、わからない。」

「地球はつながっていることじゃないの。」

『本当に行けたらよいのだけれど、言葉や写真から毛利さんの感じたことをとらえてみようよ。』

板　書

毛利さんがみんなに伝えたかったことはどんなことだろう。

指　示

「宇宙にいった気持ちわかる？」毛利さんになって感激を伝えてみよう。

実物投影機で絵本をテレビに映し出して読み聞かせ、初発の感想を書いた。感想には、初めて知ったことやわからないことなど自由に書かせた。その後、メッセージについて思い思いに読み取ったことを書いていった。

板　書

毛利さんのメッセージ
・地球も大きな一つの生き物。
・地球のすばらしさを知ってほしい。
・地球はいろいろなものがつながりあってできている。
・地球と宇宙はつながっている。

内容をまだみんなで読み解かないうちにいきなりメッセージとはやや性急に思われるかも知れないが、なんとなく分かったつもりになってしまうことの怖さに気付いてほしかったので、あえて初発でメッセージを考えさせた。

2．「地球はいろいろなものがつながっている」って本当かな？（一時間）

第二時は、受け止めたメッセージを実感しているかどうかもう一度考えてみることにした。

> 指　示
> 毛利さんのメッセージが何か身近なところで起こっている？　例えばどんなことだろう。

身近な生活の中で起こっている具体的な現象とその理由を書いていった。だが、受け止めたメッセージを具体的に何かの例えにできたのはクラスの中でたった二人であった。どちらも食物連鎖を挙げた。言葉だけではわかりにくいので、子どもは図に表すように指示をした。他の子どもたちは何やら浮かぬ顔。やはり、メッセージはわかったつもりであった。


「ううん、わからないよ。」

「大事っていうのはわかるんだけれど、ぴんとこないよ」

『そうか、それなら、○○さんに具体的な例を説明してもらいましょう。』

「ミミズを鳥が食べて……ほらピラミッドの頂点に人間がいるよ。」

「うん、うん、つながっている。そうか、そういうことだったのか。何だかわかってきたぞ。」

『いいんだよ。勉強は分からないところから始めるのだから、分からないっていうことに気付くことができてすごいんだよ。分からないことが分かって気

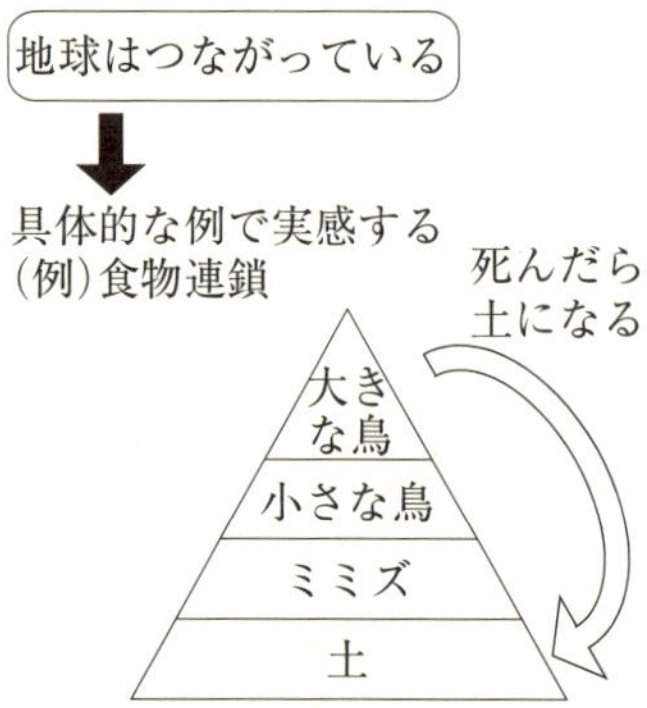

持ちいいでしょ。』

「もやもやしていたものがすっきりしてきたぞ。」

「自然がつながっている。」

「家族や祖先がつながっている。」

「世界の人々がつながっている。」

子どもたちは分かったことの喜びに目を輝かせていった。

3．受け止めたメッセージを検証しよう！

地球上から地球について考えたことのない子どもたちが、地球を離れて地球を見た毛利さんの地球についてのイメージを理解するのである。いわば思考の転換である。受け止めた毛利さんのメッセージについてその意図の反映されるテーマの本を読んで理解を深める必要があると考えた。分からない言葉を辞書や参考書を読みながら読み進めるようなものである。受け止めたメッセージを確かめるために、子どもたちは受けとめたテーマごとにグループを作り、図書資料を探すことになった。

指　示

受け止めた毛利さんのメッセージを確かめるために、もう一冊の本を読んでみよう。

「ぼくは、メッセージを素晴らしい地球人でいようと受け止めたよ。理由は『いよう』という呼びかけの表現があったから。」

『素晴らしいってどんなこと？』

「よくわからないから辞書で調べてみる。」

『素晴らしい人ってどんな人？』

「（しばらく考えて）Tくんみたいな人。やさしくて運動ができる。」『二十一世紀に生きる君たちへ』選択

「わたしは、メッセージを地球も大きな一つの生き物と受け止めました。地球の風景が動物や虫の細胞に似ていてすごい。確かめてみたい。」

『顕微鏡で確かめてみようか。（塩の結晶，花粉で確かめる）』

「（観察の後）メロンと人の血管や稲妻も似ている」『いのちって何だ』選択

「ぼくはメッセージを地球は一つにつながっていると受け止めたよ。人と人もボランティアでつながっているのかな。」

『図で描くとどんなふうになる？』

「（図で示して○→○）こんなふうかな。」

『どんなことがボランティアだと思う？』

「自分だけで考えていてはつながらないから困っている人を助けて役立ったとき、国境なき医師団とか、だれかのために役立つこと。そうだ、矢印は両方からでてくるね。ありがとうの気持ちがあるから。（○↔○の図を示して）つながっている…。」『インターネット』資料検索

このように、対話の中から子どもたちは自分の深めていきたいテーマとかかわりのある図書資料を選択して読み進め、理解を深めていった。重ね読みの必要性を子どもたちは感じ取っていった。

4．毛利さんのメッセージがここにも、あそこにもあるね

子どもたちは受け止めたメッセージを重ね読みを通して、深めながら身近な物に例えていった。

指　示
みんなが受け止めた毛利さんのメッセージをどんな方法で伝えたらいいかな。

子どもたちは思い思いに考え始めた。

『自分で感じた身近な例を伝えるためにはどうする？』

「海と海はつながっているから、地球もつながっている。漂着物がその証拠だよ。だから地図帳で示して漂着物の種類を表に表してみたいな。」

「日本人がトルコ人を助けたこと。海もつながっているけれど、心もつながっているよ。歴史としてみんな

キーワード

■自然
■食物連鎖
■海はつながっている
■資源（日本は支えられている）

■人間
■ボランティア
■オリンピック
■先祖

家族や祖先がつながっている

↓

具体的な例で実感する

（例）家系図

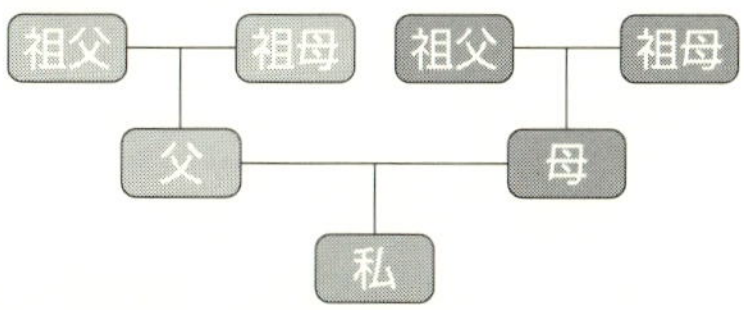

に伝えたい。本の紹介をしたいな。」

「杉原千畝さんが、ユダヤ人を助けたよね。ぼくもそのことをみんなに紹介したいな。」

「だったらオリンピックもみんながつながっていることの表れだよ。いつからできたのだろう、もう一度インターネットで調べてみんなに伝えたいな。」

「人類の起源は一人のアフリカ人女性から始まったと言うからそれを調べて表にしてみたいな。」

「家系図を描いていったら一代前で四人、二代前で八人だから、五代前だと六十二人も血がつながっているの？」

子どもたちは地球のものや生き物が縦横無尽につながっていることを絵や図に表しながら実感していった。

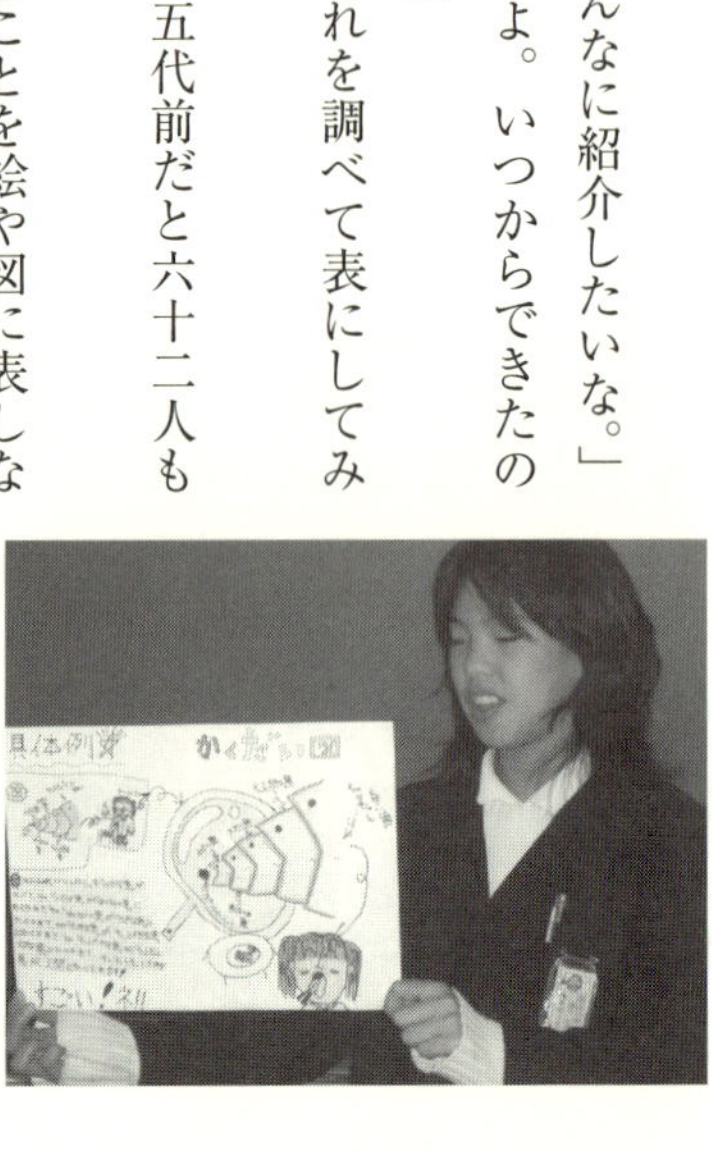

5. わかった、わかったよ、先生！わからないことがすっきりしたよ

いよいよこれまで調べたことをみんなに伝えるときがきた。それぞれ準備したものを発表し合う。個人やグループで考えてきたことを伝え合う中で、活発な話し合いが展開された。

指　示

テーマごとに身近に感じた出来事を織り交ぜて毛利さんのメッセージをわかりやすく伝えよう

「私は、海でプランクトンが小さい魚に食べられ、小さい魚が大きな魚に食べられ、その魚を私達が食べると言うことで、生き物はつながっているので、毛利さんのメッセージはこんなところに表れているんだと思う。」

「大きな魚が小さな魚を食べるというのは分かりやすい」

「私は、地球と宇宙はつながっていると思うと受けとめました。なぜなら、植物は日光がないと大きくはならないから。だから、太陽と地球はつながっていると思いました。地球は宇宙の一部なのだとわかったとき、みんなつながっている。つながっていると思ってわくわくしてきました。」

「太陽がなかったら真っ暗だし、植物も育たないものね。」

「私も、お天気だと明るくて気持ちがいいし、太陽に支えられていると思うと、一人じゃないって気持ちになる。」

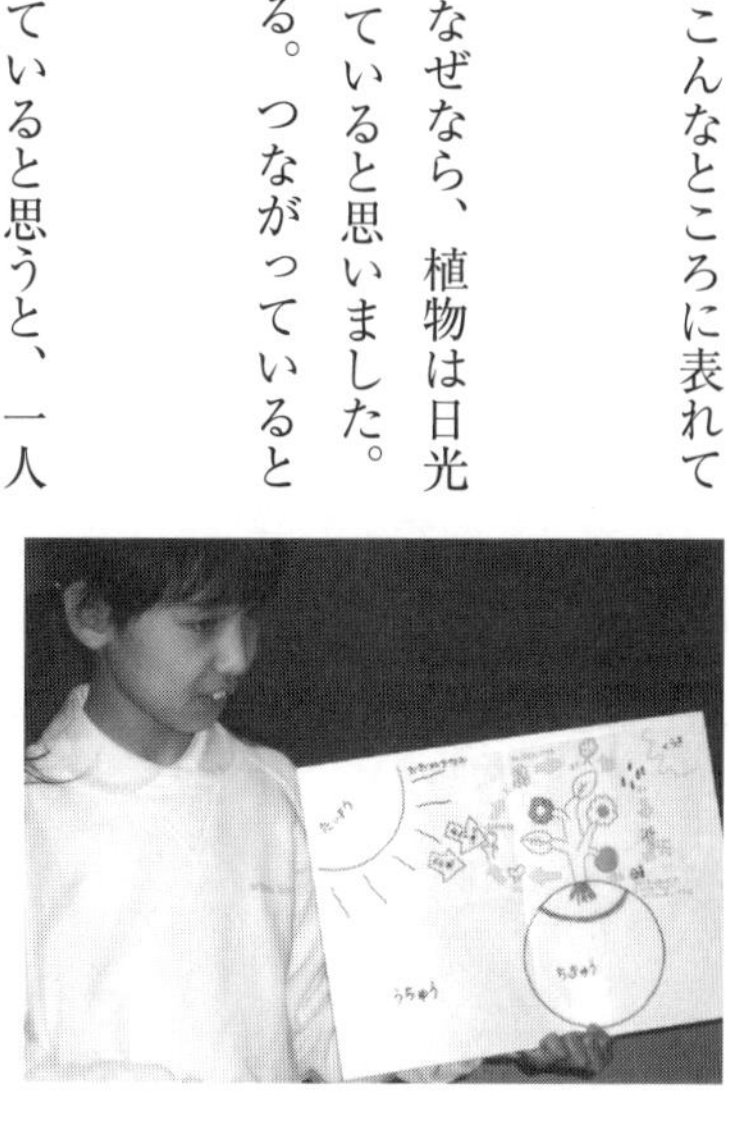

6. 達成基準を踏まえた学習の評価

① 本単元でとらえている、筆者のメッセージは、当初はあいまいであり、子どもたちは文脈や具体例を通して説明することができないと真の理解につながらないということに気付いた。

② 学んだことを日常生活の中で考え、具体例とつなげることがよりわかることであるということに気付いた。

③ 理解が難しい本を読むときには、他の図書資料を補って読むと、より理解しやすいということが分かった。

④ 言葉だけではなく、絵や図、表などにして、思考を再構成することで、より理解が深まるということに気付き、思考を深め、想像を広げることができた。

⑤　自分の考えをより分かりやすく伝えるためには、聞き手の思考を揺さぶり、想像を広げるために相手意識をしっかりと持って、例えや図を使って説明すると効果的であることが分かった。

7．実践後の反省と今後の課題

この実践は、子どもたちの「わからない」という声から始まった。抽象的なことを具体的な物に置き換えながらが私たちは思考を深め、想像を広げていくのであるが、まさにその部分と対峙することができた。毎時間、子どもが前時とどう変容したか、どれくらい分かるようになったか、そのきっかけはなんであったのかを振り返りながら、昨日とは変わった自分に気付くことができるよう支援した。はじめ乗り気でなかった子どもたちは、夢中になり自分でなにが分からないのか、学びにおける自分の位置をあぶり出していった。子どもたちは難しいことでも、何かに例えたり、身近な具体的な例に当てはめることで、自分がテーマを消化しながら学んでいるという実感をもつことができた。また、分からないことが分かるようになる喜びを味わうことが学びであるとも実感していった。

この学びの手法を、様々な単元や他教科においても生かして、分かった実感を味わわせたいと考えた。

また、子どもたちはこういう学習には不慣れであったので、多くの準備物が必要となった。時間も要したので、抽象的なものを具体化して考えるという学びの過程をより簡単な方法で日頃から少しずつ積み重ねていくことが必要であると感じた。

重ね読みのための資料も前もって図書館の司書の方のお世話になりながら五十冊ほどこちらで準備しておき、選択しやすいように環境を整えた。子どもたちが自らの力で図書資料を選び出すことができるような読書履歴を蓄積することができるよう、幼少から環境を整えて系統的な読書生活を送るために地域や学校と家庭が連携を図ることも大切であると感じた。むしろ、目的的な読書によって学びを深めていくことは、国語以外の教科によってこそより必要と思われるので、各教科の担当の教師とも連携を図ることが重要であると感じた。

（加藤　勢津子）

実践編

第3学年

書くこと

二十年後、もしもわたしが○○○になっていたら……

――過去・現在・未来の文の違いを理解し、表現する――

単元のプロフィール

◎書く活動において、「過去・現在・未来の文の違いを理解し、また表現する」力を児童がつけられることをねらいとした。過去・現在・未来の文は、文末がそれぞれ、「でした」「です・ます」「でしょう」という表現になる。この違いを児童が理解し、自分が書く文においても正しく使い分けられる学習活動をすすめた。また、書く活動においては、児童が楽しく活動できるよう、未来を想像して書く題材を設定した。

◎目標基準を踏まえた指導計画（二時間）

① 過去・現在・未来の文の違いを理解し、表現することができる。（一時間）

② 二十年後の自分や世界を想像して、過去・現在・未来の文を使って表現することができる。（一時間）

◎**実践に際して工夫した点**

○　導入では、児童が過去・現在・未来の意味の違いを正しく捉えられるよう、身近な話題を用いた例文を作って取り上げた。

○　三年生の児童が理解しやすいよう、「過去」「現在」「未来」という言葉を、「前」「今」「これから」という言葉にかえて、学習をすすめた。

○　児童が文を考える活動の前には例文を示した。児童が文を考える上での手本となるとともに、児童の想像力を広げることをねらった。

○　児童の想像が豊かに広がるよう、机間指導の際に教師が助言をするとともに、児童同士が楽しく話しながら活動する雰囲気を作ることに努めた。

○　第一時の後半で、「幼稚園の時は（過去）」「今は（現在）」「大人になったら（未来）」という課題で短い文を考える活動を行った。児童が自分のことを当てはめて文を考えることができるとともに、第二時でお話を考える際の練習となることをねらった。

○　第二時で作文を書く際には、児童が書く活動を楽しんで行えるよう、楽しい未来を想像する課題に設定した。

1．文の終わりの言葉は、どれがいい？（一時間）

まず、児童が、過去・現在・未来の文の文末が、それぞれ「でした」「です・ます」「でしょう」になることに気づくよう、文末を空欄にした例文を示した。

板書

一年生の時は、教室は、校しゃの一かい（　　　　　　）。

三年生では、教室は、校しゃの二かい（　　　　　　）。

四年生になると、教室は、校しゃの三がいになる（　　　　　　）

指示

文の終わりは、どの言葉がよいだろう。「でした」「です」「でしょう」からえらんで、書いてみよう。

板書と同じ文が書かれたワークシートを配り、児童が各自、意味に合う文末を書き入れるよう指示した。どの子も黙々と取り組んだ。学習が遅れがちな児童も、正しく書き入れることができた。

児童が書き終わるのを見はからい、どの文末が入ったか、一斉で確かめた。

その後、「でした」「です」「でしょう」はそれぞれ「前」「今」「これから」のことをいうときに使うことを、次のようにおさえながら板書した。


『今のことを言っている文は、どれだろう。』

「三年生では、の文。」

『そうだね。じゃ、一年生の時って、いつのこと？』

「昔のこと」

「ずっと前のこと」

『うん。前のことだね。じゃ、四年生の時は?』

児童は少し沈黙。何と言ってよいのか分からない様子である。しばらく待ったが、児童から意見が出なかったので、教師が提案した。

『みんなが四年生になるのは、これからのことだから、ここ(板書の欄)は「これから」にしましょう。』

このように、教師が児童と話し合いながら、三つの例文の上に「前」「今」「これから」と書き入れた。

板　書

前　一年生の時は、教室は、校しゃの一かい(でした)。
今　三年生では、教室は、校しゃの二かい(です)。
これから　四年生になると、教室は、校しゃの三がいになる(でしょう)。

児童にも、自分のワークシートに、「前」「今」「これから」と書き入れるよう指示した。

その後、「今」の文末は「です」だけでなく「ます」になることも、おさえた。

『次は、「でした」「です・ます」「でしょう」を使って、今度はみんなが文を考えていくよ。』

板　書

ようち園の時は、(　　　　　　)
今は、(　　　　　　)
大人になったら、(　　　　　　)

指　示

「でした」「です・ます」「でしょう」を使って、文を考えよう。

教師は、どの文で「でした」「です・ます」「でしょう」を使うのかを児童に問いかけ、確かめる。

児童は、すぐに口々に答える。どの子も教師に注目し、次の活動がどんなものなのか、真剣な表情で聞いている。

『このかっこの中にあてはまる文を考えていきます。幼稚園の時にできなかったこと、小学生になった今できるようになったこと、大人になったらもっとできるようになりたいことが書けるといいね。保育園に通ってた人は、「幼稚園」のところを「保育園」に変えて、考えてみようね。どんなことがあてはまるかな。』

児童はそれぞれ、考えはじめる。すぐには思いつかないようで、面食らっている様子の児童が多い。

『例えば、野菜が苦手な人は、こんな文が書けると思うよ。』

板　書

ようち園の時は、〔野さいが　食べられませんでした。〕

今は、〔にんじんと　たまねぎが　食べられます。〕

大人になったら、〔ほうれんそうも　食べられるようになるでしょう。〕

『ようち園の時、今、これから、と進むにつれて、できるようになることが増えていくといいね。それから、ようち園、今、これからの文がいつも「野菜が食べられない」ではつまらないから、少しずつ変わっていく文にできるといいね。では、はじめましょう。』

児童は、黙々と取り組みはじめる。

鉛筆が動いている児童もいるが、鉛筆が動かず、書くことが見つからない児童もいる。

『食べ物の好き嫌いがある人は、食べられるようになったものを書くといいね。』

『〇〇さんは、いつ、二重跳びができるようになったの？ようち園の時はできなかったことで、今できるようになったことを書くといいね。』

机間指導をしながら、書くことを見つける上でのヒントになるようなことは、少し大きな声で、他の児童への助言にもなるようにした。

しだいに、まわりの友達と相談したり、出来た作品を見せ合ったりする声が上がってきた。書き終わった児童は、二つ目、三つ目に進むようにした。終了時刻までに、児童は一つから三つの作品を書いた。

児童の作品は、次のようなものができた。

ようち園の時は、〔さか上がりができませんでした。〕
今は、〔さか上がりができます。〕
大人になったら、〔れんぞくさか上がりも　できるようになるでしょう。〕

ようち園の時は、〔お母さんと買いものに行きました。〕
今は、〔たまに友だちと文ぼうぐやさんに行きます。〕
大人になったら、〔一人で買い物に行くでしょう。〕

ようち園の時は、〔絵がまだへたでした。〕

今は、〔少し絵がじょうずになっています。〕
大人になったら、〔マンガ家になって、もうじょうずすぎて　口でかけるでしょう。〕

2. 二十年後、もしもわたしが○○○になっていたら……（一時間）

第二時は、二十年後の自分や世界を想像して、お話を書く活動を行った。

指　示
「でした」「です・ます」「でしょう」の言葉を使って、二十年後の自分や世界を想像してお話を書こう。

ワークシートに、次の二つの例文を示し、みんなで読んだ。

〈例文①〉
◎二十年後、もしもわたしが○○○になっていたら……
ほいく園生の時は、家の人はしごとがいそがしくて、わたしはほどんど旅行に行きませんでした。今も、旅行には行きません。わたしは、ひこうきにのって、外国に行きたいと思っているのですが、ひこうきにものったことがありません。
二十年後、もしもわたしが大金もちになっていたら、せかい一しゅう旅行に出かけるでしょう。ひこうきにのって、せかい中の国に全部行くでしょう。そして、ごうかなごちそうを食べるでしょう。せかい中に、友だちがたくさんできるでしょう。

〈例文②〉

◎**二十年後、もしもせかいが○○○になっていたら……**

二さいのころは、ようち園や学校に行っていなかったので、毎日家にいました。だから、毎日が夏休みでした。

今、夏休みは、だいたい一か月です。すぐにおわってしまいます。

二十年後、もしも夏休みが三か月になっていたら、わたしは毎日プールに行くでしょう。毎週土曜の夜は、花火をするでしょう。海には十回行けるでしょう。キャンプに五回行けるでしょう。ディズニーランドには三回行けるでしょう。

『二十年後は、自分も世界も変わっているかもしれないね。今と変わっていることを想像して、今日はみんながお話を書いていきます。この文のように、二十年後は大金持ちになっていたり、夏休みがたっぷりある世界になっているといいね。こういう、素敵な自分や、素敵な世界のお話にしてね。』

『それから、大事な約束は、「でした」「です・ます」「でしょう」の言葉を使うことです。「でした」を使うということは、いつのことを書くのかな？』

「前のこと。」

『では、「です・ます」は、いつのこと？』

「今のこと。」

『「でしょう」は？』

「これからのこと。」

『そうですね。二十年後のことを書く時は、どの言葉がいいかな？』

「でしょう、です。」

『そうです。だから今日は、前のこと、今のこと、二十年後のことを書いて、みんながうれしくなるような、びっくりするような話にしようね。』

また、例文では段落を三つに分けて書いていることにも気づかせ、段落も分けて書くことを話し、活動を始めた。


第一時の課題はすぐに書き始める児童が多かったが、今回は少し長い文章になるので、しばらく考えてからでないと書き始められないようだ。しばらくたつと、書き始める児童が出てきたが、半数の児童はまだ書き始められない。学級の雰囲気も、何となく固い。

教師は机間指導をしながら、楽しく未来を想像できるように、例となる話をいくつか挙げた。

『○○さんがアナウンサーになって、テレビに映ってたら、先生びっくりしちゃうな！「○○さんが映ってたよ！」って、クラスのみんなにすぐに電話かけちゃうな！』

児童も教師の話を聞きながら笑い、雰囲気も明るくなってきた。

「先生、宇宙人に会うっていうのはどうですか？」

『いいね。宇宙旅行ができるようになるのかな？』

「二十年後、もしもぼくが大どろぼうになっていたら……」

『大どろぼうになってもいいけど、楽しい話にしてね。』

面白いアイディアも出てきて、児童の想像することが広がってきた。

まわりの友達と「こんな風になるのはどう？」と、自分が考えたことを楽しそうに相談する声が上がってきた。だんだん、鉛筆が動いてきた。

書き終わった児童は、二つ目、三つ目に進むようにした。児童の作品は、次のようなものができた。

二十年後もしもぼくが王様になっていたら

ようち園生の時は、ぜんぜんゆうめいになっていませんでした。

今は友だちから図工作品が「すごいね」とほめられることが多く、三年生では少しゆうめいになっています。

二十年後ぼくは王様になって、すごくゆうめいになっているでしょう。そしておうかんをかぶっているでしょう。すごいりょうりをけらいがもってくるでしょう。そしてすごい人とよばれているでしょう。

二十年後、もしもわたしがまほうつかいになっていたら

ようち園生の時は、楽しい時間が、ずっとつづけばいいなと思ってました。

今は、しっぱいしたときに時間がもどればいいなと思います。

二十年後、もしもわたしがまほうつかいになっていたら、しっぱいしたときに時間をもどしたり、楽しいときはまほうで時間をゆっくりにしてしまうでしょう

3．達成基準を踏まえた学習の評価

①「でした」「です・ます」「でしょう」という文末表現を使い分けることで、過去・現在・未来の文の違いを理解し、表現することができた。

②二十年後の未来の自分や世界を想像し、それに合わせた過去と現在の話も考えて、過去・現在・未来の文を、文末を使い分けて表現することができた。

4. 実践後の反省と今後の課題

児童は、「でした」「です・ます」「でしょう」といった文末について、自然に使い分けることはできていたが、今回の授業を行ったことで、それらの文末は「過去」「現在」「未来」の違いから使い分けられることを、「前」「今」「これから」という言葉で捉えることができた。この授業を通して、児童は、文章の内容と文末表現に気をつけて文を書くようになった。

また、未来を想像してお話を書く活動を行うことで、児童は想像する楽しさを感じながら、文を書く活動に取り組むことができた。お話を書く活動では、想像して書く力も必要となった。学級の中には、自由に想像して書くことを苦手とする児童もいたが、教師の助言や友達との交流から、書く内容を得ることができた。この授業を通して、想像して書く力も伸ばすことができた。

今後の課題は、同じような学習計画で、「書き手の確信度の違い（断定、推量）を理解し表現する力」や、「受け身と能動文の違いを理解し表現する力」等をつける授業を行い、児童の力を伸ばせるよう努めたい。

（小野瀬　雅美）

実践編

第4学年

書くこと

わたしたちの生活っておもしろいね！生活調査探偵団からのレポート

――アンケートをもとに調査報告文を書いて知らせよう――

単元のプロフィール

◎普段なかなか自分の生活について見直す機会は少ない。グループや好きな友だち同士の会話の中で自分たちの趣向など話し会う機会はあるが、それをもとに自分たちの生活を改善することは皆無であろう。実は、日常生活の中でちょっと工夫してみたり、見方を変えることによって生活がよりよくなることが意外と多いのである。

そこで、自分たちの生活の中から興味をもったことをテーマに調査し、客観的なデータに基づいて考察し、論理的に整った文章で自分の考えや意見を報告文にまとめていく活動を設定した。ここでは、資料を目的に応じて分類・整理する力を養う。客観的なデータから事実をどう読み取っていくか。(事実との向きあい方)やそこから自分たちの生活へ関連づけて解釈し、意見・考えをはっきりと区別しながら報告文を書く力を養っていきたい。報告文の構成に従って、意見とそれにもとづく根拠との関係を押さえながら、記述するなかで、論理的な思考力の育成を図っていきたい。

◎目標基準を踏まえた指導計画（十五時間）

①　自分たちの生活を様々な角度から見直し、調べたいテーマを決めることができる。（二時間）
②　調べるテーマを決め、目的に合った調査内容・調査方法を決めることができる。（三時間）
③　調べたいテーマに適したアンケートを作って実施し、目的に応じて結果を整理することができる。（四時間）
④　調べた結果や考えたことについてわかりやすく報告する文章にまとめることができる。（四時間）
⑤　調査報告文を発表し合い、感想や意見を交流することができる。（二時間）

◎実践に際して工夫した点

○　調べたいテーマを決める際に、日常生活や学校生活にポイントを絞った。多様なアイデアが出し合えるようにウェビングを用いて様々な観点を拾い出し、自分たちが調べたいテーマを選択するようにした。
○　アンケートの結果を表やグラフに表し、その結果を考察して論理的な文章を書く学習を行った。
○　意見交流会では、他の学校の四年生児童と交流を行った。その際、話し合いの観点をも明確にして意見交換を行うようにした。

1. 生活調査探偵団結成 ～調査の作戦アイテムを作ろう～ （一時間）

調べるテーマが決まったら、調査内容と調査方法について作戦会議を開く。子どもたちの話し合いも回を重ねるごとに活発になってきた。探偵団の活動も波に乗ってきた。自分たちの生活を様々な視点から見直し、調べたい内容を決めていったところ、グループのテーマは次のように決まった。

「すきな教科・嫌いな教科」「休みの日の遊び方」「すきな給食・きらいな給食」「学校のいいところ」「宿題について」

探偵団のメンバーも少しずつ意欲が見られるようになった。作戦会議の結果は、ほとんどのグループがアンケートによる調査方法になったようである。そこで、いよいよ調査の必須アイテムであるアンケート作りについて説明を行った。

『さあ、今日はアンケートの作り方について考えましょう。』

数種類のアンケートを黒板に提示した。アンケートに答えることがあっても、実際にアンケートを作るのは初めてである。

「いろんなアンケートがあるね。楽しそうだな。」

「このアンケートやったことがあるよ。」

「選ぶアンケートは簡単そうだね。」

『アンケートもいろんな種類があるね。でもみんなの調べたいことに一番適したアンケートを作ってみましょう。』

板　書

調査のアイテム「アンケートを作ろう！」

指　示

自分たちの調査にあったアンケートを作るには、どうしたらいいのかな。考えてみよう。

数種類のアンケートを見比べながら、特徴や相違点について話しあった。

板　書

・答える項目がいくつかあり、その中から選ぶもの。
・自由に書いてもらうもの。
・選ぶもの（選たく）・特に聞きたいこう目は、書いてもらう。
・もっと聞きたいときは、直接聞いてもよい。（インタビューする）

この話し合いをもとに、実際にアンケートを作る活動に入った。話し合いを生かしながら整理してアンケートを作ることができた。アンケートを作って回収し、集計していく一連の作業はグループ活動の中でも生き生きとした時間となっていた。

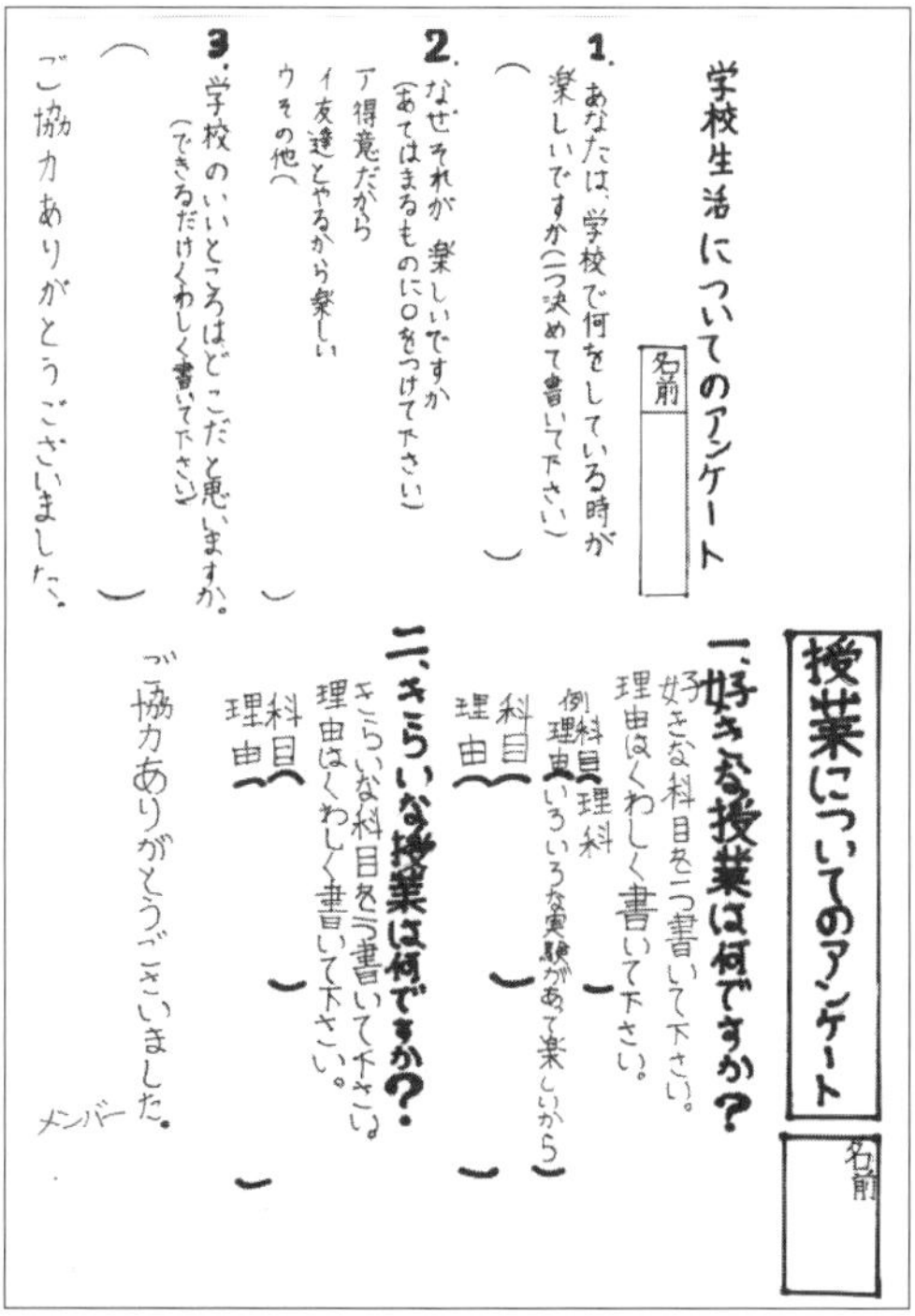

学校生活についてのアンケート　名前

1. あなたは、学校で何をしている時が楽しいですか(一つ決めて書いて下さい)
(　　　)

2. なぜそれが楽しいですか
(あてはまるものに○をつけて下さい)
ア得意だから
イ友達とやるから楽しい
ウその他(　　　)

3. 学校のいいところはどこだと思いますか。
(できるだけくわしく書いて下さい)
(　　　)

ご協力ありがとうございました。

授業についてのアンケート　名前

一、好きな授業は何ですか?
好きな科目を一つ書いて下さい。
理由はくわしく書いて下さい。
例　科目(理科)
理由(いろいろな実験があって楽しいから)
科目(　　　)
理由(　　　)

二、きらいな授業は何ですか?
きらいな科目を一つ書いて下さい。
理由はくわしく書いて下さい。
科目(　　　)
理由(　　　)

ご協力ありがとうございました。
メンバー

〔実際に作成したアンケート〕

〔アンケートをもとに観点に従って分類・整理して作成したグラフ〕

2．取材した結果をグラフにまとめよう！　生活調査探偵団の報告書作り（一時間）

第十時は、いよいよ取材して集計した結果を考察し、報告文にまとめる活動である。アンケートの結果をグラフに書き換える作業の中で、さまざまなことに気づくことができたようである。結果としての事実と意見・感想をきちんと立て分けられるように、書き方と参考文例を板書した。

板書

◎調べたことを知らせる文章の書き方（報告書）

はじめ

①「なぜ」（調べようと思ったわけ）……ぎもんをもちました。

それで、

［事実］

②「何について」

～についてまとめました。（調べました。）

③「どんな方法で」（調べたことと方法）

……調べ方は～です。（アンケート・インタビュー）

［意見・感想］

中

④調べて分かったこと

結果は～

その結果～が分かりました。

終わり

③考えたこと・思ったこと

これらのことから～

～するとよいと思います。

↓

構成メモにまとめよう

・調べたこと

・調べた内容

・調べた方法

・調べてわかったこと

・考えたこと・思ったこと

いよいよ活動もメインである報告書の作成に突入した。書くことに苦手意識をもっている子どもたちも、板書の書き方を参考にしながら、報告書の作成に没頭した。書き上げた文章をグループの友だちに読んでもらいながら、自然に推敲することができたようである。報告書に熱心にむかう姿勢は、感動を覚えた。

「ここがわかりにくいから、もっとくわしく書いた方がいいよね。」『調べて分かったことは、事実だから、「その結果〜がわかりました。」って書いた方がいいよ。』

「最後のまとめは、みんなで気づいたことを書こう。」

〔児童の書いた報告文（冒頭部分）〕

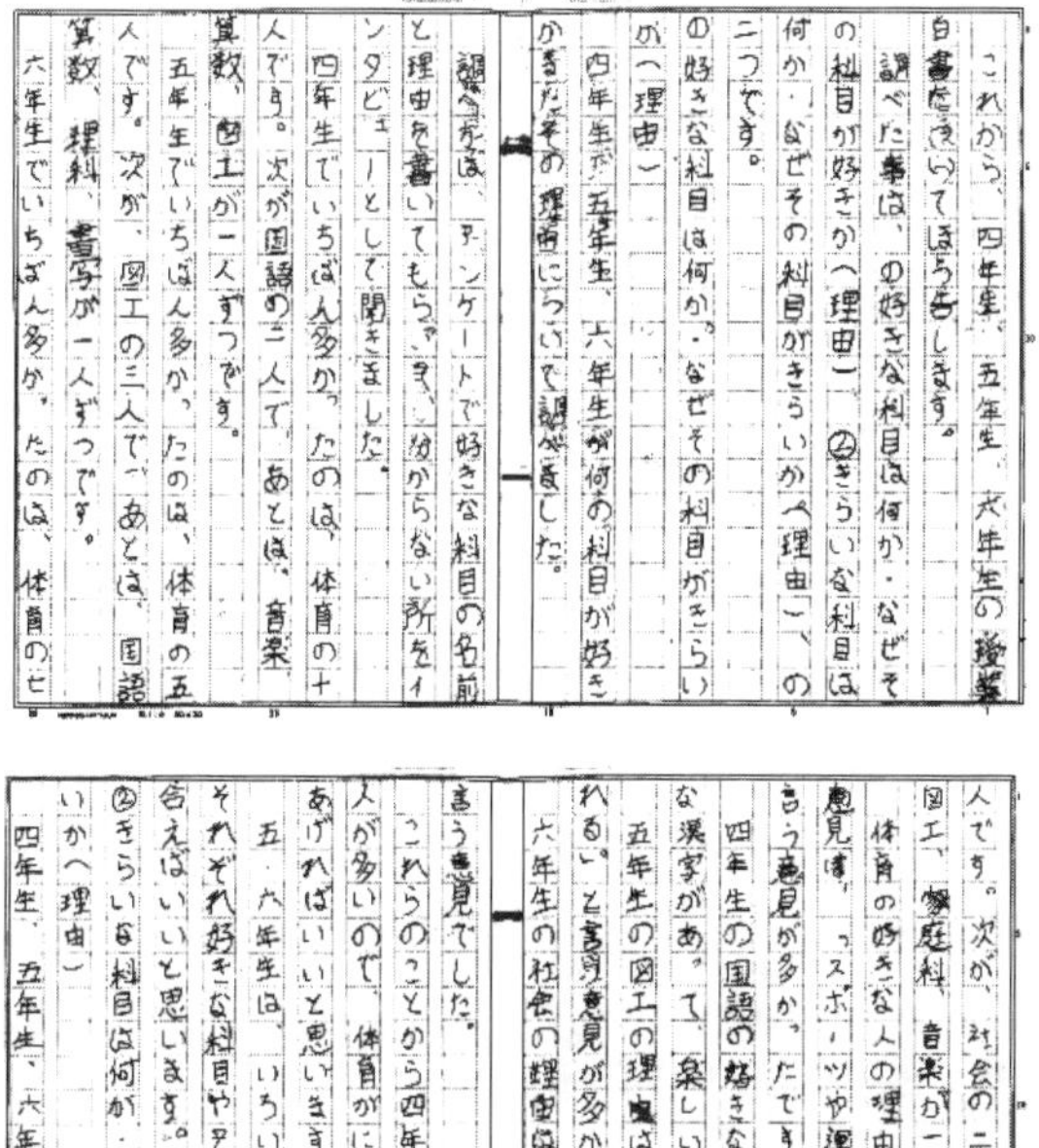

これから、四年生、五年生、六年生の授業
白書を読んでほう告します。
調べた事は、①好きな科目は何か・なぜそ
の科目が好きか（理由）②きらいな科目は
何か・なぜその科目がきらいか（理由）、の
二つです。
①好きな科目は何か。・なぜその科目がきらい
か（理由）
四年生が五年生、六年生が何の科目が好き
かまたその理由について調べました。
調べ方は、アンケートで好きな科目の名前
と理由を書いてもらって、分からない所をイ
ンタビューとして聞きました。
四年生でいちばん多かったのは、体育の十
人です。次が国語の三人で、あとは、音楽
算数、図工が一人ずつです。
五年生でいちばん多かったのは、体育の五
人です。次が、図工の三人で、あとは、国語
算数、理科、書写が一人ずつです。
六年生でいちばん多かったのは、体育の七

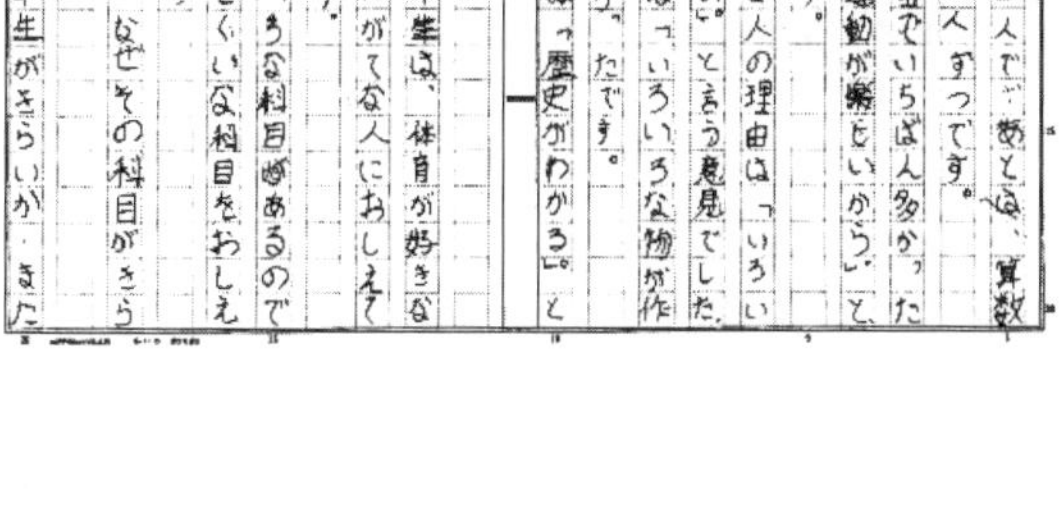

人です。次が、社会の二人で、あとは、算数
図工、家庭科、音楽が一人ずつです。
体育の好きな人の理由でいちばん多かった
意見は、「スポーツや運動が楽しいから」と
言う意見が多かったです。
四年生の国語の好きな人の理由は「いろい
ろな漢字があって楽しい」と言う意見でした。
五年生の図工の理由は「いろいろな物が作
れる」と言う意見が多かったです。
六年生の社会の理由は「歴史がわかる」と
言う意見でした。
これらのことから四年生は、体育が好きな
人が多いので、体育がにがてな人におしえて
あげればいいと思います。
五・六年生は、いろいろな科目があるので
それぞれ好きな科目やとくいな科目をおしえ
合えばいいと思います。
②きらいな科目は何か・なぜその科目がきら
いか（理由）
四年生、五年生、六年生がきらいか・また

静寂な書く時間とグループごとに書かれた内容を推敲する時間がうまく交差されていた。報告文の構成を意識して、事実と考察を使い分ける言葉を適切に使い、自分たちの生活に関連づけながら書くことができた。

3. できた調査報告文を発表し、意見交流をしよう!!

できた調査報告書をいよいよ伝え会う時間がやってきた。隣の小学校と交流会を実施した。観点を決めて同じように報告書を作成し、お互いの調査報告文を発表し合う学習である。お互いにこの日を楽しみにしていたのに、このような学習ははじめてなので、最初はとても緊張していたようだった。まずオリエンテーションで学習の流れを確認します。その後、お互いの自己紹介をして、さあ意見交流会のはじまりです。

指　示

報告書を発表しあい、意見交流しましょう。

「総合的な学習の時間の名前が違うんだね。」
「〇〇小の人は、野菜の好きな子が多くてえらいね。」
「宿題はあった方がいいと答えた人が〇人もいて、すごいなと思いました。」

など、楽しく意見を交流することができた。報告書の書き方も相手が分かりやすい文章になるように何度も書き換えたため、聞いている方もとてもわかりやすい様子だった。

最後に自己評価カードで活動のふりかえりを行った。

「報告書について、意見や質問ができてよかった。発表のしかたもよく、わかりやすかった。」という子どもたちの評価が多かった。

4. 達成基準を踏まえた学習の評価

① 自分たちの生活を様々な角度から見直すために、ウェビングを活用しいろいろな観点を明記することによって、いろいろな項目から調べたいテーマを決めることができた。ただ、あまり広がりすぎてしまうと選ぶのに時間がかかりすぎるところもあった。

② 調べるテーマを決め、目的に合った調査内容・調査方法を決めることができた。ただ、方法としては、アンケートやインタビューなどの取材方法が適しているようだった。

③ 調べたいテーマに適したアンケートを作って実施し、グラフや表にして観点に従って、分かりやすく整理・分類し、まとめることができた。

④ 調べた結果とその結果から考えたことや思ったことを関連づけて報告文にまとめることができた。

⑤ 調査報告文を発表し合い、感想や意見を活発に交流することができた。

5. 実践後の反省と今後の課題

自分たちが決めたテーマに基づいて、調べる方法や内容を決め、取材をし、それを報告文にまとめるという学習過程は、「取材する」という活動を設定したことによって、意欲的に進めることができた。意見交流会を位置づけ「話すこと・聞くこと」の学習との関連を図った。子どもたちにとっては、自分たちが作成した報告書を発表するという表現活動（意見交流）は、大変印象深かったようである。

調査報告文という客観的な文章形態は、なじみのない活動のため、書くことが苦手な児童については、モデルの文章を活用して、書き慣れるための指導が必要だった。とくに事実と意見・感想の書き分け方や文末表現の表記のしかたを意識させたかった。その結果、客観的な資料の裏付け（事実）をもとに、感想や意見を述べる、そして最後にまとめるという思考方法を基本に、文末表現や接続語などを意識して、文章に表現することができた。この実践を通して子どもたちに数字やデータなどの客観的な見方やそれをどう文章として表現したらよいかを考えながら学習することができ、今後の活動にも生かされるという確信を持つことができた。

（飯村　真由美）

第5学年

書くこと

例えてみたら――自分もびっくり！

――家族のことをみつめて、ぴったりのものに例えて俳句を作る――

単元のプロフィール

児童が一番接する機会が多い家族。あまりにも身近であるがゆえに空気のような存在でじっくり考えることは少ないのでないだろうか。家族の中の一人（もしくは二人）に視点をあててみる。そして、言葉に表してみる。その言葉をどんどん重ねていくことによって、いつもは考えていなかった家族が見えてくる。その見えてきた想いを俳句に託す。「なぜ」「どうして」その俳句ができたあがったのか、漠然とした想いを論理的にまとめてみる。そうすることによって、家族を見つめるとともに自分をも見つめる機会になることをねらっている。

◎目標基準を踏まえた指導計画（七時間）

①自分の家族（父・母・兄・姉・弟・妹・祖父・祖母など）のイメージを膨らまし、ウェビングマップに書き表すことができる。（一時間）

②のウェビングマップに書き込んだ情報をもとに、家族を何かに例えることができる。（一時間）

③なぜ②に例えたかを考えることができる。（事実・意見・理由）（一時間）
④俳句を作ることができる。（三時間）
⑤④で作った俳句について他者（聞き手）に紹介する文章を書くことができる。（一時間）
⑥俳句とその俳句の紹介文を発表し合い、相互評価することができる。（一時間）

◎実践に際して工夫した点

○ウェビングマップを作成する際、自由に楽しくできるような雰囲気作りをした。
○俳句を作る際に、「俳句」について明確にわからない児童もいたので、俳句を作成する前段階で、俳句に関する本を市立図書館から五十冊程度借用し、「俳句とは何か」「古人の俳句から学ぼう」というように、書物に触れる時間を設けた。
○俳句と紹介文を発表する際に、二人・三人という少人数で行うことにより、読み手と聞き手の意識が高まるようにした。

1．家族の秘密をみつけちゃおう！（一時間）

『みんなの家族ってどんな感じ？』

「うちの家族はうるさいよ！勝手にみんな自分のことを話してるんだ！」

「私のところと似てる！」

「ぼくのところはどうかな。あまり考えたことないな。」

「家族」という言葉を聞いて、色々な意見が飛び交ったけれど、みんな顔はにこにこしている。

『それでは、そんなみんなの家族の秘密をみつけちゃおうよ！』

「ええっー秘密。」一斉に驚きの声が上がる。

「秘密なんてあるかな。」

「ぼく、お兄ちゃんの秘密知ってるよ。」

板　書

家族の秘密をみつけちゃおう

指　示

家族の秘密をみつけちゃおう

配られたワークシートは、中心に「家族」とだけ記入してある。その家族から、思いついた言葉をどんどん書いていく。なかなか思いつかない児童には、個別に支援していった。そうすることによって、最初は全く書けなかった児童も、一つの言葉から色々な言葉が思いつき膨らませて書いていくことができた。

「父」→「おつまみ」→「枝豆」と連想させたり，「ママ」→「優しい」→「花」とつなげたり楽しく活動していった。

友達同士でウェビングマップを見ながら，笑い声があちらこちらで聞こえていた。

2. 例えてみたら……○○だった!

一時間目に仕上げたウェビングマップとにらめっこ。

いよいよ、家族を何かに例える時間となる。

「ウェビングマップは、思いつくままにどんどん書き込んじゃったな。」

「もう少し付け足しをしたいな。」という児童たちもいた。

板　書

例えてみたら…○○だった!

指　示

ウェビングマップをみて、家族の誰かを何かに例えてみよう。

「難しいな。」

「お母さんは恐いからな。変なものに例えちゃって大丈夫かな。」などと言いながらも、必死な児童たち。

『自分の書いたウェビングマップをよく見て，これだというものを決めようよ。』

『まずは、自分で決めよう。それから、友達に助言してもらうのもいいね。』

「どうしようかな」と言いながらも、ウェビングマップをみながら、一生懸命に考えている児童たちの様子が伝わってくる。

「よし！決まった。」

「私も決めたよ。」

そんな声があちらこちらで聞こえてきた。

『父さんを例え終わったら母さんを例えてみよう』と、早く終わった児童たちには、二人目、三人目を考えるように助言する。

3. こんな理由で例えたよ！「理由を明確にしよう」

前時に考えた、例えたことの理由を明確にする時間である。

『みんなはなぜそのようなものに例えたのかな。』

『○○さんと○○さんは同じものに例えているけれども、例えた理由も同じかな？』

「たぶんちがうんじゃないかな。」

『そうか！違うんだね。どんなところが違うのかな。』

板　書

例えた理由はこれだった！

指　示

例えた理由を事実や意見をもとに聞き手にわかりやすく書いてみよう。

「理由か？」

「どんなことがあったかな？」

『例えたものと家族との共通点があると思うよ。それを言葉で考えてみよう。』
①誰を　②何に　③なぜ（理由）

児童の作品より

例えた理由はこれだった！　その一
誰を（父）
何に（ニュース）
なぜ（父は、毎日のニュース番組のように何でも聞くとよく知っているし、わからない勉強も父に教えてもらうとなぜかわかるようになるから）

例えた理由はこれだった！　その二
誰を（母）
何に（桃）
なぜ（母は、ピンク色が大好きで洋服などを選ぶときもその色が入っているものを選んでいる。そして、母は自分のお腹が丸いのをとても気にしている。桃を見ると、母のお腹を思い出してしまうから…こんなこと書くと叱られちゃうかな。）

例えた理由はこれだった！　その三
誰を　（母）
何に　（掃除機）
なぜ　（母は、僕が悩んだり困ったりしたときや悪いことをしてしまったときに、色々な話をして僕のいやな気持ちを吸い取ってくれる。それは、まるで掃除機みたいだと思ったから。）

4．俳句作りに挑戦！

前時に例えた言葉を使って俳句を作る。

『俳句って知ってるかな？』

「聞いたことはあるけれど、よくはわからないな。」

まずは、簡単に俳句の説明から始める。「五音・七音・五音」で表すこと、季節を表す言葉を入れることなど。

「五・七・五・七・七というのもあるよね」

『そうだね！それは、「短歌」というものだね。それは次回にしよう』

「柿食えば、鐘が鳴るなり　法隆寺って俳句かな？」

『そうだよ。五・七・五になっているでしょう。季節を表す言葉もあるけれどどれかな？』

「柿ー」と一斉に答える児童たち。

『そうだね。柿だね。柿の季節はなんだと思う？』

「秋かな。」

『正解です。そんなふうにして季節を表す言葉が入っているのが「俳句」なんだよ。』

板 書

自分だけの俳句作りに挑戦してみよう！

指 示

前時に例えた言葉を使って俳句を作ってみよう。

「俳句」に触れるのは、初めての児童たち。

市立図書館で、「俳句に関する本」を五十冊ほど借りておいたものを紹介する。グループに分かれて、まずは「俳句」について知る機会を設けた。児童たちは、グループで本を交換しながら読み、古人の俳句や現代の俳句について楽しく学んでいった。

『それでは、自分で作ってみよう。五音・七音・五音という限られた音で作るので難しいかもしれないけれど、前時に例えた理由を参考に作っていくとスムーズにいくかな』

「言葉を選ぶのは難しいね。」

悪戦苦闘しながらも、様々な作品が仕上がってきた。

児童の作品より

○夏休み　スイカがごろん　ママごろん（夏）

○せみ取り法　少年顔して　祖父語る（夏）

○あたたかい　家族はこたつ　心地いい（冬）

○たんぽぽの　優しい花は　母のよう（春）

俳句の本を読み合った後、
自分で俳句を作成している様子

自分の作品を見直して、

「最初は難しいと思っていたけれど、作っているときは楽しかったな。」

そんな言葉を発している児童たちが多かった。

5. 俳句の紹介文を書こう！

前時に作成した俳句を紹介する文章を書く時間だ。

板　書
自分の俳句をみんなに説明しよう！

指　示
自分で作った俳句を読み手にわかりやすく紹介する文章を書こう。

『どのような事実や背景があってこの俳句ができあがったのかな。そのことを読み手が「なるほど、そうだったのか。」と思えるように文章にしてみよう。』

『読み手がわかりやすくするには、どのような文の構成にしたらよいか、今までの学習を活かして書いてみよう。」

「理由がいくつかある時は、第一にとか第二にとかいれるとわかりやすいね。」

『そうだね。そういう書き方もあるね。そのように自分がわかる、そして、読み手がわかる文章にしていこう。』

『三時の「こんな理由で例えたよ」を参考にしながら、例えた理由を膨らませながら書いていくといいかもしれないね。』

児童の作品より

○せみ取り法　少年顔して　祖父語る（夏）

僕が、この俳句を書いた理由は、毎年毎年夏休みに僕がじいちゃんとばあちゃんの家に行くと、目には自信がある僕でもわからない、羽が透けていて、木と同化しているせみをいとも簡単に「あっ、いた。」と言って何十匹もつかまえちゃうからです。その様子は、まるで少年のようなのです。

この俳句は、じいちゃんを「せみ」に例えましたが、じいちゃんはこの他にも、全長二メートル、体重二百キログラムは超えるイノシシをつかまえたりしています。僕にとってじいちゃんは自慢のじいちゃんです。

○入道雲　大きく広く　父のよう（夏）

この俳句を作った理由は、二つあります。

第一に、父さんは心が大きくて広い。まるで父は、青空に浮かんでいる入道雲のようだと思ったからです。

第二に、入道雲がでていると、突如として雷が落ちるときがあります。父も悪いことをすると、「こらっ」という声とともに大きな雷が落ちます。でも、それは僕が悪いことをしたときです。

このように、僕の父は「入道雲」のようです。でも、こんな父がいてくれて僕はうれしいです。

6．俳句を発表し合おう！

板　書

自分の俳句をみんなに紹介しよう！

指　示

自分で作った俳句を読み手にわかりやすく紹介しよう。

『いよいよ自分の作品を紹介する時間がきました。』

「うわー、なんだか恥ずかしいな。」

「ちょっと照れちゃうな！」

『それでは、まずは隣の人に紹介します。そのあと、席を離れてよいので二人組か三人組になって紹介し合ってみよう。まずは、俳句を二回詠もう。それから紹介文を読みます。聞き手は、聞き終わったら一言コメントを書こう。』

最初は、恥ずかしそうだった児童たちも慣れてくるにしたがって、表情が得意げになっていくのがわかった。一言コメントには、「○○君のお父さんの優しさがよくわかる俳句だと思いました。」「お母さんと春の優しさが同じなんて、よい母さんもったね！」などど、好意的なコメントが並んだ。

最後にこの単元を通して学んだことを聞いてみた。

「自分の家族を何かに例えて俳句を作るのは難しいと思ったが、意外に楽しかった。」

「俳句を作成した後の、理由を書くときに戸惑った。」

俳句と紹介文を読み合っている様子

「家族を例えてみると色々なものがでてきて自分でもびっくりした。」

「○○さんによい家族だねとコメントを書いてもらって、とてもうれしかった。」

「自分でも気付いていなかった家族のよさに気付くことができた。」

7. 達成基準を踏まえた学習の評価

① 初めは戸惑いを見せていた児童たちも、ウェビングマップを書き進めるうちに想像を広げて書き進めることができた。何よりも、楽しく取り組むことができた。

② 「家族を何かに例える」のは、児童にとっては少々難題だったようであるが、ウェビングマップを何度も見ながら「これだ！」というものに例えていた。なかなか例えることのできない児童には、友達の例えを紹介したりした。

③ 例えた理由は、②の時間でぼんやりとは考えている様子が伺えた。それを明確にするために、誰を、何に、なぜを書き表すことによって、ぼんやりと考えていたことがはっきりとしてきた。

④ 例えた言葉を入れて俳句を作ることは容易ではなかったが、児童たちは季語を考えながら懸命に取り組んでいた。初めて作る「俳句」に新鮮さも感じている様子であった。

⑤ 聞き手が分かりやすい文章にするために、今までの学習で学んできた文章の型を活かして紹介文を書くように助言した。それを受けて工夫して文章を書いている様子が伝わってきた。

⑥ 相互評価は、点数化ではなくお互いにコメントを書くようにした。多くの友達と紹介し合っている児童の様子は自慢げに見えた。

8. 実践後の反省と今後の課題

本単元は、教科書教材ではなく特設単元である。十歳を過ぎ高学年に入った児童たちに、一番身近であるが故に空気のような存在になっている「家族」をみつめてほしい。そして、それを限られた音にのせて表し、聞き手に分かりやすい論立てで紹介してほしいと思って本単元を設定した。

児童は、本単元の七時間を通じて楽しく取り組んでいる様子が印象的であった。ウェビングマップを書いているときも、例えているときも、俳句を作っているときも、紹介文を書いているときも真剣な眼差しのなかでも和やかな雰囲気で授業が進んでいった。授業後は「俳句って楽しいね。」「言葉を絞るのは難しかったけれど、五音・七音・五音ができたときはうれしかった。」「俳句の説明を聞き手に伝えるために書く文章は短い中でも自分の考えや事実を書くことができた。」など、好意的な感想が多かった。

しかし、課題も何点か残った。

まず第一に、「俳句」に触れる機会が事前にあるとよかったということ。この単元の途中で「俳句」について説明をし古人や現代の作品を紹介したので、「例える」と「俳句を学ぶ」の二本立てで学習しなければならなかった。

第二に、自分で作った俳句について、他者に紹介する文章を書く際に、今まで説明文等で学習してきた文章の書き方を活かしきれなかったこと。事実、意見、理由などを明確にし、もう少し論理的に文章を書くことができるような指導が必要であったと考えている。なかなか自分の力では書くことのできない児童には、いくつかの型は示したが、不十分であったと考える。

第三にこの単元を通じて、児童一人一人の進度の差を把握し、適切な助言が必要であったこと。ウェビングマップを書く際にも、俳句を作る際にも、紹介文を書く際にも、個人差が大きかった。進度の速い児童には、二人、三人と書くように指示したり、なかなか進められない児童には友達の作品を紹介したりアドバイスをしたりしたが、どれくらい一人一人に適切なアドバイスができていたかということは課題が残った。

今回は、「俳句」を作って紹介文を書くという授業を実施したが、この他にも、詩を作ったり、物語を書いたりという「書くこと」の授業実践を試みることも楽しいのではないかと考える。

（関根　京子）

実践編

第3学年

話すこと・聞くこと

言葉を集めて「○○の木」にまとめよう

―「広い言葉」から「せまい言葉」へ分類する―

単元のプロフィール

言葉には、上位概念と下位概念がある。そこで、教材「広い言葉、せまい言葉」（教育出版・「ひろがる言葉」三年下・平成十七年度版）を用いて、児童が集めた「…物（もの・ぶつ）」が付いているたくさんの言葉を、付箋紙を用いて「ツリー図」にまとめ、「広い言葉」（上位概念：抽象的な言葉）から「せまい言葉」（下位概念：具体的な言葉）へと、論理的に分類・整理していった。ここでは、「上位概念：抽象」から「下位概念：具体」へと、論理的な思考をさせた。また、発表会では、班ごとにまとめた「○○の木」を交流し合い、「広い言葉」から「せまい言葉」へ、また「せまい言葉」から「広い言葉」へと、言葉の上位と下位の概念を行き来しながら、論理的な思考方法と、論理的な思考能力を高めることができたと考える。

◎目標基準を踏まえた指導計画（十一時間）

①自分の学校の名称の言葉「倉賀野小学校」を例にした連想ゲームにより、言葉を広げたり狭めたりするこ

とができる。（一時間）
②本文を通読し、広い言葉とせまい言葉の概念と分類の仕方を理解することができる。（一時間）
③本文の段落相互の関係について、その役割を理解することができる。（一時間）
④一・二段落を読み、「広い意味をもった言葉」としての「トンボ」、「より広い言葉」としての「こん虫」について理解することができる。（一時間）
⑤三・四段落を読み、「こん虫」「魚」「鳥」と「動物」の関係、「生物」についての「広い言葉・せまい言葉」の関係を理解することができる。（一時間）
⑥「○○物」の付く言葉を集め、言葉のまとまりごとにツリー図に分類することができる。（二時間）
⑦ツリー図に分類した言葉を班ごとに「○○の木」として模造紙にまとめることができる。（二時間）
⑧どのような観点で分類したか発表し、分類の観点が異なる意見を交流することができる。（一・五時間）
⑨学習を振り返り、広い言葉とせまい言葉の関係が理解できる。（〇・五時間）

◎実践に際して工夫した点

○「ツリー図」から「○○の木」にまとめる際は、最も上位と考えられる概念が根幹、次の上位概念グループの中でも重要であると考えた言葉が根幹から徐々に上位へ並ぶように配置させた。
○集める言葉は、「物」のつく言葉とし、児童の案に従って分類する言葉を決めた。
○ツリー図にまとめるときには、視覚的にとらえられ、話し合いをしながらすぐに交換や移動ができるように付箋紙を使い、まとまりごとに色を変えて分類した。
○言葉集めが進まなくなったときは、図鑑や百科事典を使って調べてもよいこととした。

○模造紙を使って「○○の木」にまとめる際には、「ツリー図」に使った付箋紙と、模造紙に貼る色上質紙（葉の形）の色を対応させた。

1．「○○物」の付く言葉を考え、班のテーマを決めよう（⑥の一時間目）

班ごとに、付箋紙を使って「○○物」のつく言葉を集めて、その中から自分たちが集める言葉を決めることを伝える。そこからツリー図を作り、話し合いながら「広い言葉」から「せまい言葉」へと分類していく。

板書
「○○物」のつく言葉を集めて、ツリー図を作ろう。

指示
班ごとに「物」のつく言葉をできるだけ考えて、付箋紙に書いてどんどん貼っていきましょう。

子どもには、付箋紙とそれを貼る台紙が配られている。班ごとに話し合いが始まった。連想ゲームのようで、次々と子どもから言葉が湧いてくる。それを、付箋紙に書いて貼っていく。発表させてみると、以下のような「○○物」の付く言葉が挙げられた。
『班ごとに物のつく言葉は集まりましたか。』
「意外とたくさんありました。ぼくたち一班は、『たから物』『食べ物』『飲み物』『くだ物』『建物』『割れ物』『品物』

『乗り物』『焼き物』が集まりました。」

「ぼくたち三班は、『贈り物』『動物』『植物』『落とし物』『はき物』『天然記念物』が集まりました。」

「『天然記念物』って何ですか。」

「テレビでやっていましたが、珍しい物だからみんなで大切にするんだそうです。トキが天然記念物です。」

「ときって、鳥のトキですか?」

『そうです。では、天然記念物とトキと鳥は、どれが一番広い言葉か分かりますか?』

「広い言葉が天然記念物、次が、鳥、次がトキですか?」

『そうです。その通りです。』

「そうか、そういうふうにやって考えていくんだ。」

2. 付箋紙に言葉を書いて、ツリー図にまとめよう!（⑥の二時間目）

指示

班ごとに、一番広い言葉を決めていきましょう。決まったら、一つの言葉を一枚の付箋紙に書きましょう。

赤の付箋紙は、一番広い言葉、「物」がつく言葉です。次に、水色、黄色、緑、灰色の順です。


子どもには、班ごとに「ツリー図」に使う色別付箋紙が五種類と付箋紙を貼る紙が配られている。子どもは、班ごとに話し合いながら集める言葉を決めていく。なるべく重なりが出ないように班ごとに調整した。全八班 あり、一班「たて物」、二班「植物」、三班「くだ物」、四班「動物」、五班「宝物」、六班「食べ物」、七班「飲み物」、八班「たからもの」と決めた。五班と八班は、両班とも「宝物」「たからもの」であった。

五班の連想　「家族」→「友達」→「学校」
八班の連想　「お金」→「宝石」→「日本遺産」→「世界遺産」

五班「宝物」の話し合いでは、付箋紙に集めた言葉を書き、ツリー図にまとめていった。

「一番大切な物が『宝物』だよね。」赤の付箋紙に『宝物』と書く。

「じゃあ、『家族』だね。『お父さん』『お母さん』『おじいちゃん』『おばあちゃん』『お姉ちゃん』『弟』。」

「先生、『いとこ』は『家族』に入るの？」

『それでは、辞書を引いて調べてごらん。』

　話しながらもみんなで水色の付箋紙に「家族」、黄色の付箋紙に「おじいちゃん」「おとうさん」……と順々に言葉を書いて台紙に貼っていった。

「違う。『家族』は、一つの家に一緒に暮らしている人だ。『いとこ』は、いとこの家があって、家族がいるね。」

あわてて「いとこ」と書かれた付箋紙をはがす。

「次に『学校』は、私たちの宝物だね。『遊具』は、『ブランコ』『鉄棒』『滑り台』。『教科書』も宝物かな。」

水色の付箋紙に「学校」、黄色の付箋紙に「ゆうぐ」「教室」……。「ゆうぐ」の続きに緑の付箋紙で「ブランコ」「鉄ぼう」「すべり台」……とみんなで書いていく。

「この枝が、一番長くなった。赤から数えて四つに分けられた。他は、三つに分けられている。」

　一方、八班「たからもの」の話し合いは、以下の通りである。

「『たからもの』って言ったら『お金』だよ。『お金』がないと生きていけないからね。」

「あとは、『ダイヤモンド』だね。誕生石の中にあるよ。」

赤の付箋紙に「たからもの」、水色の付箋紙に、「お金」と書く。

「他の誕生石だって値段が高いよ。『パール』や『アクアマリン』でしょう。まだまだあるね。お母さんにインタビューするよ。」

「パールとアクアマリンは何色の付箋紙に書くの?」

「パールやアクアマリンは、『宝石』という言葉でまとまるのかな?だから、「宝石」は水色で、パールやアクアマリンは黄色だよ。」納得して付箋紙に書き始める。

「あとは、『世界遺産』は『たからもの』だよ。テレビで見たよ。」

「知ってる。その番組はいつも見てる。『マチュピチュ』『アンコールワット』『ピラミッド』『万里の長城』。」

水色の付箋紙に「世界遺産」、黄色の付箋紙に「マチュピチュ」「アンコールワット」……と書いていく。

「あとは、図書室へ行って、本を借りてこよう。」

「世界ばかりじゃなくて、日本にだって大切な建物があるよ。『金閣寺』と『銀閣寺』に行ったことがある。」

「『世界遺産』じゃなくて、『日本遺産』かな。日本にあるものだけ集めて、『日本遺産』としよう。」

3.「○○の木」を発表して、みんなの意見を聞いてみよう!

板　書

はんごとに発表会を行い、意見こうかんをしよう!

指　示
みんなの意見を聞いて、もっと言葉を広げたり、もっとぴったりのところへ言葉を動かしたりして、「○○の木」を完成させましょう。

「たからものの木」について、活発に子どもたちが話し合っていた。

「私たち八班は、お金がないと生きていけないから、一番大事なものは『お金』と考えました。そして、次に価値があるものと考えると、『宝石』がきました。そのあと、みんなのたから物として、『世界遺産』、『日本遺産』を思いつきました。『日本遺産』は、日本にある遺産という意味で、自分たちで考えました。」

「どうして『宝石』『お金』が幹の下の方で、『世界遺産』が上の方にあるのですか。」

「『宝石』や『お金』は、自分（個人）で持っているから自分（個人）にとっては重要だけれど、『世界遺産』は、みんなのたから物だから、遠くにあると思ったからです。」

「『宝石やお金』は、自分のたから物ですが、『世界遺産』と『日本遺産』はみんなのたから物だとしたら、個人のたから物とみんなのたから物と、幹を二つに分けたらどうですか。」

「縦に分けるの？　横に分けるの？」

「模造紙に貼ってあるものだと、横に切って分けるしかないですね。」

子どもたちは、納得した様子で手で切るまねをしている。

「五班の『たから物』は、八班と違って、『たから物』を『家族』や『友達』と言っています。どうしてですか。」

「ぼくたちは、お金もないし、宝石も買えないから、今持っている『宝もの』は、『家族』や『友達』、『学校』だと思います。」

『この二つの班は、考え方がそれぞれ違いますが、選んだ基準が説明できているから、両方よいと思います。』

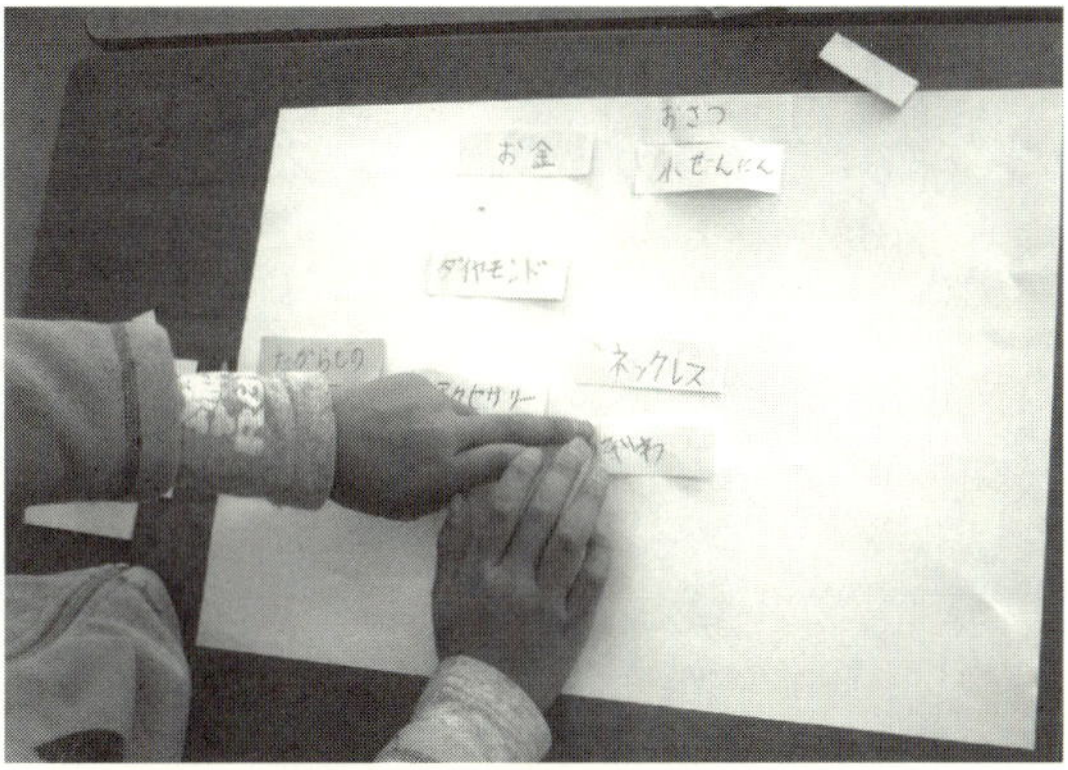

8班:ツリー図「たからもの」

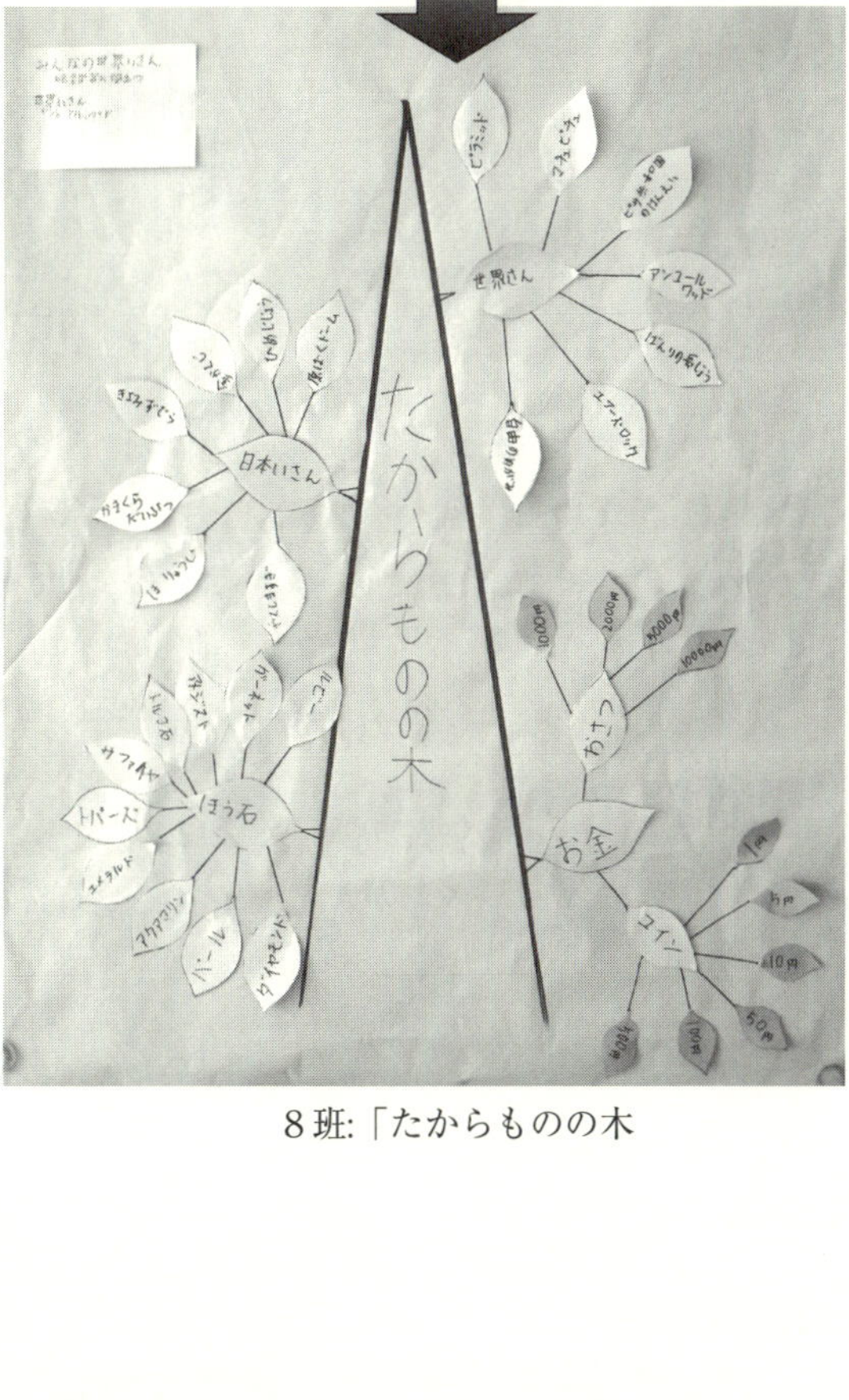

8班:「たからものの木

4. 達成基準を踏まえた学習の評価

①普段使っている言葉は、「広い言葉」と「せまい言葉」にまとまりごとに分類できることを、例（倉賀野小学校）を通して理解することができた。

②本文を通読することで、具体例を通して、広い言葉とせまい言葉の分類するときの観点が分かった。
③本文の段落相互の関係を段落構成図にまとめることで、段落ごとの役割を理解することができた。
④一・二段落を読み、「広い意味をもった言葉」としての「トンボ」、「より広い言葉」としての「こん虫」について教科書の図を見て、視覚的に理解することができた。
⑤三・四段落を読み、「こん虫」「魚」「鳥」と「動物」の関係、「生物」についての「広い言葉・せまい言葉」の関係を教科書の図を見て、視覚的に理解することができた。
⑥「○○物」の付く言葉を集め、色別付箋紙を使って言葉をまとまりごとに視覚的に分類できた。
⑦ツリー図にまとまりごとに分類した言葉を、グループごとにさらに「○○の木」として、模造紙に色別の葉一枚に言葉一つを書いてまとめることができた。
⑧発表会を行い、どのような観点で分類したか発表し、友達と意見交流をしながらよりよい分類をすることができた。
⑨学習を振り返り、ツリー図から「○○の木」に表すことで、「広い言葉」と「せまい言葉」の関係を視覚的にとらえ、

ツリー図から「○○の木」へまとめる

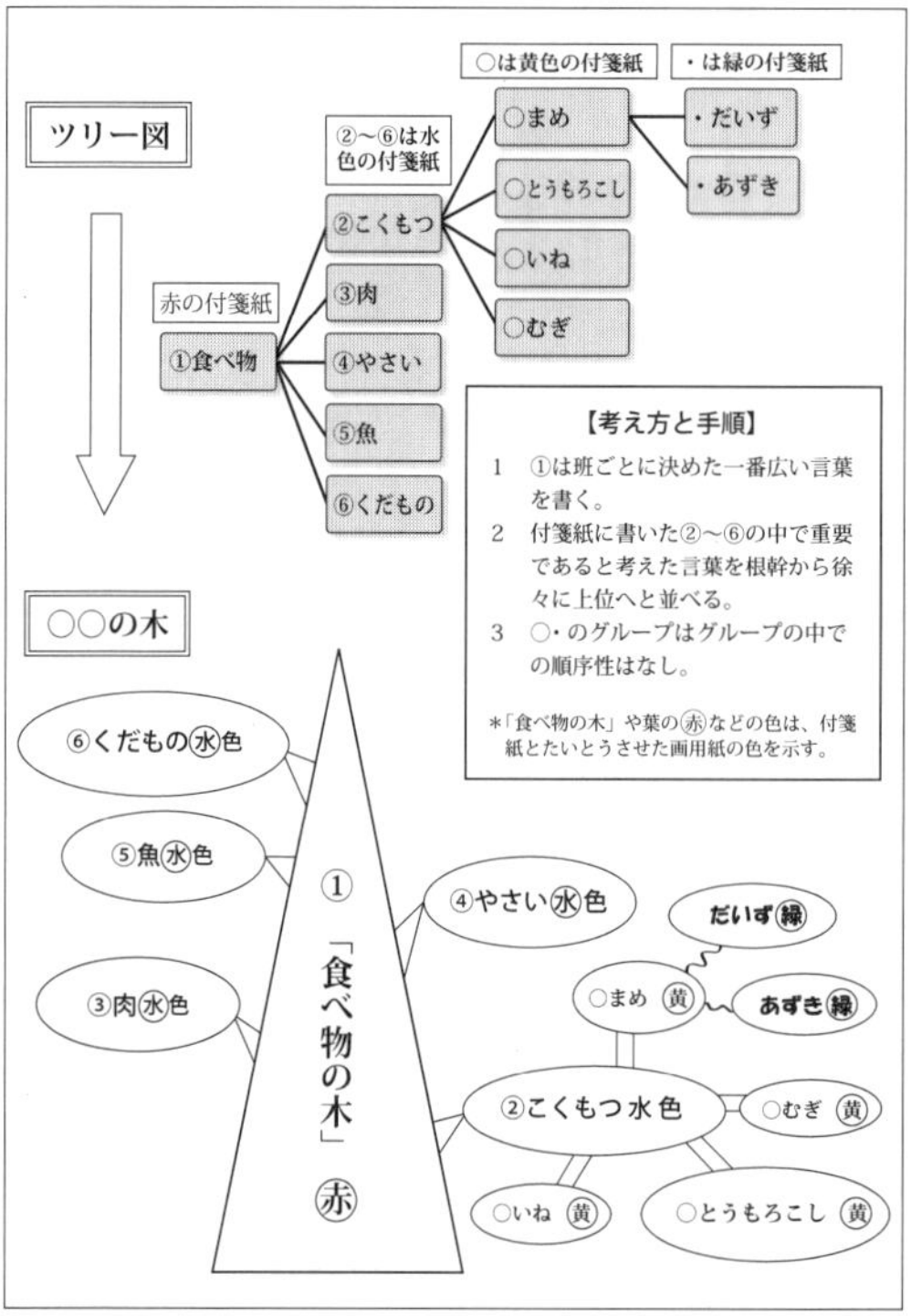

まとめることができた。

5．実践後の反省と今後の課題

〈子どもたちの感想より〉

○言葉は、「広い言葉」から「せまい言葉」へとどんどん広がっていく。

○私たちは、普段「広い言葉」も「せまい言葉」も両方使っている。「せまい言葉」は、詳しい言葉になっている。

○言葉は、種類によって分けられ、せまい言葉の最後は、ものの名前になっている。

4班:発表・交流の様子

○発表会の時、質問してもらって、自分たちの足りない言葉が分かった。

○「たて物」は、普段気にしていない工場や病院などもあり、たくさんの建物があることが分かった。

○色別の付箋紙を使ったので、言葉のまとまりが分かりやすかった。

子どもたちは、言葉を「広い言葉」から「せまい言葉」へと広げていったときに、どの班も言葉が湧いて出てくるように、意欲的に色別付箋紙に書き込んでいった。その中で「落とし穴」だったことは、「飲み物」

のグループであった。
グループでは「飲み物」→「お酒」→「ビール」→「キリンラガー」→「スーパードライ」→「モルツ」……と羅列した。商標名を挙げたことで、せまい言葉が集まったと安心し、他の可能性に眼を向けることをやめてしまったのである。子どもがおかしやすい失敗であり、それを反省したことは、改めて「言葉」を見直すきっかけとなった。
これらの実践を振り返ると、子どもの論理的な思考をはぐくむ過程は、次の三段階に分かれている。

一段階……班で調べる言葉を決めるために『広い言葉』を見付け、付箋紙に書き出す。（付箋紙は赤色のみ使用）
二段階……言葉を集めてまとまりごとに色別付箋紙に書き出し、目で見て分かるツリー図にまとめていく。
三段階……「○○の木」として、模造紙にまとめて学級の中で交流し合い、より適切な分類を図っていく。

子どもは、言葉を「ツリー図」や「○○の木」に分類する活動を通して、これらの思考の三過程を見える形にした。このことにより、子どもは、思考し、分類した理由をしっかりと説明することができた。このように、言葉には、「広い言葉（上位概念）」と「せまい言葉（下位概念）」があることを理解し、言葉のもつ基準に従って分類し、目で見て分かる表現ができたと言える。

4班:「動物の木」作成の様子

（髙橋　美保）

実践編

第4学年

話すこと・聞くこと

オリエンテーリングの準備は大丈夫？

——情報を解釈しながら論理的に聞き、意見をまとめる——

単元のプロフィール

◎本来「きくこと」は受動的な活動ではなく、論理的に思考する活動でなくてはならない。子どもたちが与えられた情報を理解することに終始するのではなく、「目的意識」をもって与えられた情報を使えることが大切である。

そこで、子どもたちが、「目的に応じて情報を解釈しながら聞くこと」「解釈した情報を基に判断し、自分の意見をまとめること」をねらいとして単元を構想した。具体的には、与えられた情報（教師の説明やお知らせ）を聞き、解釈して、出かける計画を立てる活動を設定した。そしてその計画を目に見える形で表現し、意見の根拠を交流するようにした。交流することによって、自分の考えと他者の考えを比較でき、さらに自分なりの目的意識から解釈した情報を論理的に考えることができる。

子どもたちに伝える情報については、生活に身近で、聞く目的意識をもてるような内容を心掛けた。

◎目標基準を踏まえた指導計画（六時間）

① メモの意味や効果的な取り方を確認することができる。（一時間）

② 目的に応じて、情報の不足について質問することができる。（二時間）

③ これまでの学習を生かし、個別に聞いた情報を解釈しながら、自分なりの考えをまとめたり、個々の考えをグループで交流したりすることができる。（二時間）

④ グループでの交流結果を基に、情報の解釈と判断結果としてのグループの意見のよさや相違点を交流し合うことができる。（一時間）

◎実践に際して工夫した点

○ メモの取り方や質問の仕方なども、繰り返し活動の中で扱うようにした。

○ 話を聞く際には、聞いた後に考える課題や、取り組む活動などを明示し、「目的意識」を明確にした。

○ 与える情報を、活動ごとのねらいに到達できるよう、情報の具体性や要素を変えた。

○ 校外活動についての情報では、「服装」と「持ち物」というように、意見を考える内容を焦点化するとともに、情報の要素を「活動の内容」とし、聞き取った事柄を解釈して活用する必要があるものとした。

○ 考えた意見を交流する場面を設定し、意見の根拠をはっきりと伝えるとともに、自分の考えと他者の考えを比較することで、情報の解釈の妥当性や自他の考え方のよさや相違点などに気付き、論理的に考えて聞くことの深まりを図った。

1. 相手が伝えたいことを聞き取ってメモしよう（一時間）

これまでの「話すこと・聞くこと」の学習で、聞く際の工夫として「メモをとる」学習をしたことを確認できた子どもたちに、実際に教師が情報(1)を与え、それについてメモをとるように伝える。

発問

これから先生がお話を読むので、メモをとってみましょう。

聞き取りの情報①「水族館見学の約束」

これから水族館見学をします。約束を二つ言います。一つ目は、グループの友達と離れないこと。二つ目は、水族館の中を走らないこと。学校に帰ったら新聞づくりをします。生き物の様子をよく見てカードにメモしましょう。名前は必ず写しておきましょう。十時三十分までに、二階の案内所に集まりましょう。

すると、子どものメモは次の三種類に分けられた。

板書

①「話された単語をきちんとならべているメモ」
②「項をつけ、単語を整理しているメモ」
③「話された言葉の全てではなく、必要な言葉のみを書いているメモ」

③のようにメモをとった子どもに、その理由を尋ねてみる。
『どうして他の人が書いている「新聞づくり」という言葉を書かなかったの？』

「見学するときの話と先生が言っていたから、学校に帰ってからのことは必要ないかなと思いました。」

意見を聞いて、他の子どもも納得し、メモを活用することへの意識をもてるようになった。

『今までの「正しく聞き取るメモ」から、「伝えたいことを考えて、実際に使えるメモ」へレベルアップしよう。』

2．目的に応じてメモを活用するためには？（二時間）

『「自分で使えるメモ」は聞いたことを基に、自分で判断したり、考えて行動したりするのに役に立ちそうだね。』

発問
これから先生が話す「図書館についてのお知らせ」を聞いて、図書館に出かけましょう。そのための「自分に使えるメモ」をとってみましょう。

聞き取りの情報②「図書館についてのお知らせ」
夏休みに近所に新しく図書館ができることになりました。そこで、図書館の開館を記念して、七月三十日の午後二時から二時三十分まで、レストランシリーズの作者　竹谷みよ子さんがいらして、最新の本をプレゼントしてくれます。ぜひ、おこしください。

右のような情報を伝えた。すると、

「先生、図書館に行くときに、分からないことがあるんですけど…」

「誰と行ってもいいんですか?」「『近所』ってどこの近所のことですか?」

『なるほど、図書館に出かけることを考えると、いくつか知っておきたいことが出てきたんだね。』

これは、自分の目的に応じて、メモをとり、活用しようとすることで「尋ねる必要感」を子どもが感じた姿であると考える。そこで、図書館に出かけるのに考えることを絞ることとした。子どもたちからは、「5W1H」に倣うとよさそうだという意見が出され、「出かける人」「目的」「場所」「方法」「持ち物」「出発時刻」とした。それらの内容を考えるのに、メモをとったことだけでは足らないことを質問する場を設けた。

「図書館に、自転車置き場はありますか?」「行った人は、みんな本をもらえますか?」

子どもたちが自分なりの計画を立てた後で、それらを板書に示しながら交流した。

『同じ話をきいて、同じことを考えるけれど、それぞれ計画が違いますね。みんながきちんと聞いたことを理由にして、計画を立てられたのでとってもよかったですよ。』

『みんなは話を聞くときに、自分が使えるようにメモをとること、そしてメモをとるときに、目的に応じて足らないことや必要なことがあったら質問して情報を整えることができましたね。』

板　書
○相手が伝えたいことを考えて、必要な言葉を選んで書く。
○目的に応じて、足らないことや分からないことがあったら、尋ねて情報を整える。

以下に、聞き取った情報から考えた図書館へ行く際の計画の学習プリントの記述例とその際の様子を示す。なお、学習プリントについては、読みやすさを考慮し、打ち直している。

「図書館についてのお知らせ」学習プリントの記述①

プランの内容	きき取ったメモ・メモから考えたこと	理由
出かける人	自分・母	あぶないかもしれない。
目的	レストランシリーズの新かんをもらう	／
場所	夏休みにできた新しい図書館	／
方法	自転車	速いし、図書館は近くて置くところがあるから。
持ち物	タオル・バッグ（本を入れる）・レストランシリーズの本	・暑いかもしれないから。・本を持っていかないと、新かんがもらえないから。
出発時刻	午後一時三十分	始まる前に出発して、よゆうがある方がいいから。

「図書館についてのお知らせ」学習プリントの記述②

プランの内容	きき取ったメモ・メモから考えたこと	理由
出かける人	自分・友達の○○君・□□さん	みんなに本を見てほしい。
目的	松谷みよ子さんに会いに行く	／
場所	夏休みに市役所の隣にできる図書館	／
方法	歩き	近所で近いから。
持ち物	レストランシリーズの本・けいたい電話・お金	・最新の本がもらえる。・もしもの時のために。
出発時刻	午後一時三十分	早く行って、ならんでもらいたいから。

3. オリエンテーリングの準備は大丈夫？（二時間）

『今日は、話をきいて考えた結果を、実際に目に見える形で表してみるよ。』

発　問

これから校外学習の活動についての話をします。服装や持ち物を自分たちで考えるために、メモをとりながら話をききましょう。

写真資料「赤城山『覚満淵』」

聞き取りの情報③「オリエンテーリングの準備は大丈夫？」

七月二十一日の校外学習で「覚満淵オリエンテーリング」を行います。これは、「覚満淵」という湿原を歩いて、木々や草花を観察する活動です。名前を調べたり、草花の様子を記録したりして、後で覚満淵の植物地図を作ります。

十二時二十分には、集合してお昼を食べます。広場があるので、芝の上でグループごとに楽しくおいしく食べましょう。

オリエンテーリングは雨の場合にも行います。

子どもたちが校外学習で行く、赤城山の「覚満淵」の写真を提示して、説明を基に、どんな服装や持ち物で活動に臨めばよいかを考えて、実際にその姿になってみる活動であることを説明する。

まず、子どもたちは情報を聞き、個別にメモをとる。

『前にしてみたように、服装や持ち物を考えるのに必要なことで、質問がある人はいますか。ただし、こういう服はいいですか、こういう物はもっていってもいいですかという聞き方はしないようにしましょう。』

「活動のはじまる時刻はいつですか。」「覚満淵は、どのくらい広いのですか。」

子どもたちはやはり「5W1H」に結び付けて質問をしていた。

質問が終わると、子どもたちは思い思いに学習プリントに自分の考えを理由を付けながらまとめた。

なかには、十分にメモをとることができない子どもや、服装や持ち物の内容は考えられるが、その根拠と話の内容とが結び付かない子どもがいる。十分にメモを取ることができない子どもには、あらためてゆっくり情報を聞かせるとともに、単語でのメモのとり方を具体的に指導した。また、根拠と内容とが結び付かない子どもには、あらためてこれまでに学習した情報を用いて、話の内容がどのように解釈できるのかを具体的に示していくようにした。

その後、個別に考えたことをまとめた学習プリントを持ち寄り、グループで意見を交流するようにした。

グループの中で自分の記述と比較しながら、それぞれの根拠のよさを認めながら計画を練り上げていった。

「そうか、湿原だから『帽子』はあった方がいいかも。」

「荷物は全部『ナップサック』に入れておくでしょう?　だから持ち物の中に必要だよ。」

「『芝の上でお昼を食べる』と言っていたよ。だから『レジャーシート』は持ち物に入れた方がいいかな?」

「あと、観察して記録をとるのに、『たんけんバッグ（校外学習用のバインダー）』がなくては書けないよ。」

「草花の様子は、『色えんぴつ』で絵を描くのもいいけど、『デジカメ』の方が簡単だし、時間もかからなくていオリエンテーリングの準備は大丈夫？

○メモを基に、オリエンテーリングに合った「服装」や「持ち物」を考えよう。

○また、なぜその服装・持ち物と考えたか理由をはっきりさせよう。

	内容	理由
服装	冬の体育着	さむいかもしれないし、草が生えているから。
	ぼうし（体育ぼうし）	外で活動するから。
持ち物	おべんとう	十二時二十分からみんなでお昼を食べるから。
	レジャーシート	お昼の時にしいて使うから。
	デジカメ	写真をとっておくのに使うから。
	雨具	雨がふってもオリエンテーリングをするのに必要。
	地図	記ろくをのこすものだから。
	花の名前をしらべる本	分からない花があったら調べるのに使うから。

オリエンテーリングの準備は大丈夫？

○メモを基に、オリエンテーリングに合った「服装」や「持ち物」を考えよう。

○また、なぜその服装・持ち物と考えたか理由をはっきりさせよう。

	内容	理由
服装	体育着	外での活動だから。
持ち物	たんけんバッグ	外で調べたことを記ろくするのに使うから。
	おべんとう	十二時二十分から、お昼の時間だから。
	雨具	雨の時にもオリエンテーリングはあるから。
	ナップサック	いろいろな持ち物を入れておくのに使うから。
	色えんぴつ	草花の絵をかくのに使うから。

話合いで比較した「オリエンテーリングの準備は大丈夫？」学習プリントの記述

いのではないかな…。」

「確かに、草花の様子を記録するには、『デジカメ』の方が簡単にたくさん残せるし、簡単だね。」

自分と友達の考えを比較し、理由を明確にしながら、内容の解釈を深め、意見を練り上げていく子どもの姿が見られた。これによって「植物地図」を持ち物として挙げていた子どもがいたグループでも、最終的に持ち物から外す結論に至っていた。

4. 同じ話から考えたのに、準備の姿が全然違う！（一時間）

休み時間を使って、別室で各グループの代表者に、交流した結果の服装・持ち物を用意して、実際にオリエンテーリングに行く際の姿になってもらった。

『では、話合いで決まった準備の様子をみんなで比べてみましょう。』『代表者の人、どうぞ。』

廊下から各グループの代表者が入ってくる。

「けっこう、服装がちがうなぁ。」

「たんけんバッグがないよ！」

「あぁ、水とう入れるの忘れた。」

他のグループの結果と比べてみて、様々なつぶやきが聞こえる。それぞれのグループから、結果に辿り着いた理由を説明してもらった後に意見を交流する。

『自分と他のグループの結果とその説明を聞いて、気付いたことやよかったと

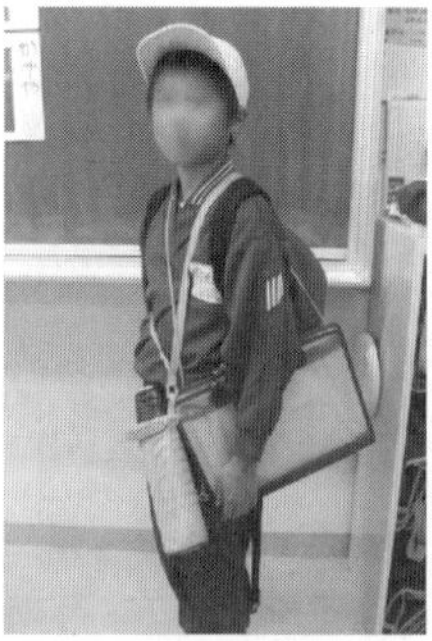

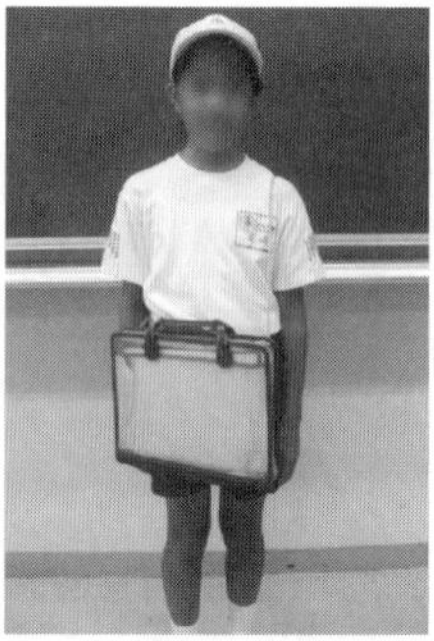

実際の準備の姿の写真

ころ反対意見などはありますか。』

「私たちのグループは、持ち物に『時計』を入れませんでした。でも、他のグループの説明で、『外での活動だし、みんなで動くから時間が分からないと困る』というのを聞いて、そうだなと思いました。」

「私たちのグループも持ち物に『デジカメ』を入れました。でも理由が違って、草花の様子をとても細かいところまで正確に残すことができると思ったからです。」

「ぼくたちのグループは、同じ体育着だけど、『上も下も夏の体育着』でした。他のグループは、冬の体育着を着ているけれど、外で長い時間歩くと暑くなるんじゃないかなぁと思うので、反対です。」

「ぼくたちのグループは、『冬の体育着』にしました。理由は同じグループの中に虫に刺されたり、日焼けしたりすることが、肌が弱くて大変だという子がいたからです。夏の体育着の理由もよく分かるけれど、冬の体育着がいいかなと思います。」

『それぞれ、説明を聞いて「外での活動」だということを考えてくれた結果ですね。実際にはいろいろなことが他にもかかわってくるから難しいけれど、今日の学習としては、どちらも聞いたことからよく考えて自分の意見をもてているからいいと思いますよ。』

「感想なんだけど、メモをとったり質問したりして服装や持ち物を考えたけれど、先生が説明したことがどういう意味なのか考えないといけないなぁと思いました。」

『なるほど。聞いたことを基にして、自分でもその内容を考えていくことが必要だなと思ったのかな。』

子どもたちは、必ずしも直接的な情報でない場合でも、目的に応じて聞き取った情報を整理し、解釈していくことの大切さを実感できた。

5. 達成基準を踏まえた学習の評価

①出かける計画を立てる活動（聞いた情報を基に自分の意見をまとめる場）を位置付けたことで、子どもたちは与えられる情報を正しく聞き取るという受動的な聞くから、考えをもったり行動したりする目的のために情報を解釈するという「論理的な聞く」へ、意識の転換が図られた。

②考えた出かける計画（聞いた情報を基にまとめた意見）を具体的な姿を目に見える形で表すようにし、その根拠を交流することで、同じ情報でも解釈の程度や仕方が異なることがあることに気付き、それぞれの考えのよさや相違点を話し合うことで、情報をより論理的に考えることができた。

6. 実践後の反省と今後の課題

本実践では、「聞く」で終わらず「聞いて表現する（表現するために聞く）」学習の一例を示すことはできた。子どもたちも、「実際に自分が出かけるときにはこうしたい。」「ほかの友達が考えた準備の様子と違っていたので意外だった。」など、意欲的に取り組めた様子が見られた。

課題としては、これまでの聞くことの情報は子どもたちに与えられる情報が基本的に「是」として示されてきている。しかし、より批判的に情報を解釈する力を身につけていく必要がある。例えば、同じ内容の情報で異なる伝え方をしているものを比較しながら聞き、より効果的なものはどちらか、そしてそれはなぜかを考えるようにしたり、さらには、ある内容を伝える情報を聞き、あらためて自身で伝え方を工夫し、表現してみるなどの学習を、子どもたちの日常生活に近いところで開発していけるとよいだろう。

また、メモの取り方や質問することなどを繰り返し確認し、活動を位置付けることで、その必要感や質の深まりを実感できるように学年をまたいで継続的に指導していくことが大切である。

（注一）参考文献『小学校国語科　聞く力の評価と指導（明治図書）』から「『水ぞくかん』（塚田理恵先生）」

（熊谷　崇久）

実践編

第5学年

話すこと・聞くこと

新聞広告の写真を読んで、見つけた秘密を話し合う

―新聞広告の教材化の工夫と付箋紙の活用で全員参加の話し合いを―

単元のプロフィール

◎授業の過程に「話し合い」が組まれ、一見にぎやかに進められているようでありながら、おしゃべりに終わっていたり、話し手が偏っていたりすることは多い。きちんと意見を出し、相手の意見を受け止めて、しっかりとした話し合いができるようにしたい。そのためにどのような工夫が有効なのだろうか。

実際の言語活動は、思考力とコミュニケーション力とが重なり合って成立し、両者を高める指導をすることが必要である。そのための方策として、「目に見える（視覚）資料」と「音声言語」とを組み合わせることが挙げられる。話し合う際に、全員が「目にみえる資料」を共有している状態で進めれば、ねらい達成に近づけると考えた。本単元では、「写真を中心とした新聞広告」を媒体とすることにより、学習活動の深化を図った。

◎目標基準を踏まえた指導計画（五時間）（各一時間）

① 新聞広告の特徴や秘密を見つけるとともに、写真を使った新聞広告から連想した言葉をつなげていくことができる。
② 写真を使った新聞広告に題名を付け、理由を明らかにしてグループで話し合って、最もふさわしい題名に決めることができる。
③ 友達の作った題名を見て、どの新聞広告のものかを話し合うことができる。
④ 写真を使った新聞広告の特徴や、受け手を説得する工夫について話し合うことができる。
⑤ 写真を使った新聞広告の特徴や、受け手を説得する工夫について、話の構成を工夫しながらスピーチしたり、自分の考えと比べながら聞いたりすることができる。

◎実践に際して工夫した点

○ 写真を使った新聞広告を教材化するのに、企業名や商品名等を前面に出したものでなく、写真のイメージを上手く取り入れようとしているものを選ぶ。写真のイメージを読むので、解釈に正解が無く、自分の考えを自信をもって言うことができる。
○ 新聞広告は、全面広告か見開き二面全部を使ったものを取り上げる。グループの話し合いや板書をまとめるときに、新聞広告をデジカメで撮影し、B7判サイズにプリントアウトしてラミネートフィルムでパウチしたものと使い分ける。
○ 自分の考えをしっかりもたせるため、話し合いの前にワークシートを書かせる。また、考えを整理するため、付箋紙を活用する。
○ 新聞は一般の人々を対象としたマスメディアであるので、広告を教材化する際には、内容や表現が適切で、ねらいを達成するのに有効な新聞広告を教師が集めておいて活用させる配慮が必要である。

1．新聞広告の秘密を見つけ、新聞広告から連想しよう

『新聞や新聞広告の秘密をたくさん見つけましょう。』

数多くの新聞を見ながら、そこに掲載されている新聞広告を読み比べて考えさせた。大小の新聞広告、商品を直接宣伝しているものや、イメージを表現していて一見何の宣伝か分からないもの、文字だけのもの、有名タレントが出ているものなど、さまざまな新聞広告から考えさせた。

「写真をつけたり、絵をつけたりして、覚えてもらえるようにしている。」
「キャラクターを使ったり、おもしろいことをのせたり、おいしそうな物をのせたりしている。」
「見せたいものや、伝えたい言葉などは、大きくしたり、色をつけたりしている。」

指　示
写真を中心とした新聞広告をよく見て、思いついた言葉をつなげていこう。

全面広告で写真を使ったものをいろいろ用意する。その中から、一つの広告を選ばせ、思い浮かんだ言葉から一つの言葉を決めてキーワードとする。そこからウェブ・マップを作らせた。ウェブ・マップは、キーワードから連想した言葉を外側に書いていき、次々と連想した言葉を線でつないでいって作ったものである。このとき、選択肢の新聞広告に、企業名や商品名等を強く訴えるものばかりでなく、写真のイメージをうまく取り入れようとしてい

るものを入れておくと、さまざまな言葉が出てくる。連想する際、多方向にイメージが広がるとよいことを助言する。児童の作ったウェブ・マップを一つ紹介する。（資料1）

選んだ写真は、テレビのフレームからスキーヤーがジャンプしている。冬季オリンピックを目前にした頃のテレビの広告で、隅にオリンピックのマークがある。

「オリンピック―有名―おわらい芸人―おもしろい―占い―当たる―宝くじ―宝―キラキラ―金メダル―オリンピック。あ、オリンピックに戻った。」

2．新聞広告にふさわしい題名を決めよう

板書

新聞広告の写真に、題名をつけよう。

指示

写真を使った新聞広告に、広告をもっと印象づけるような題名をつけよう。

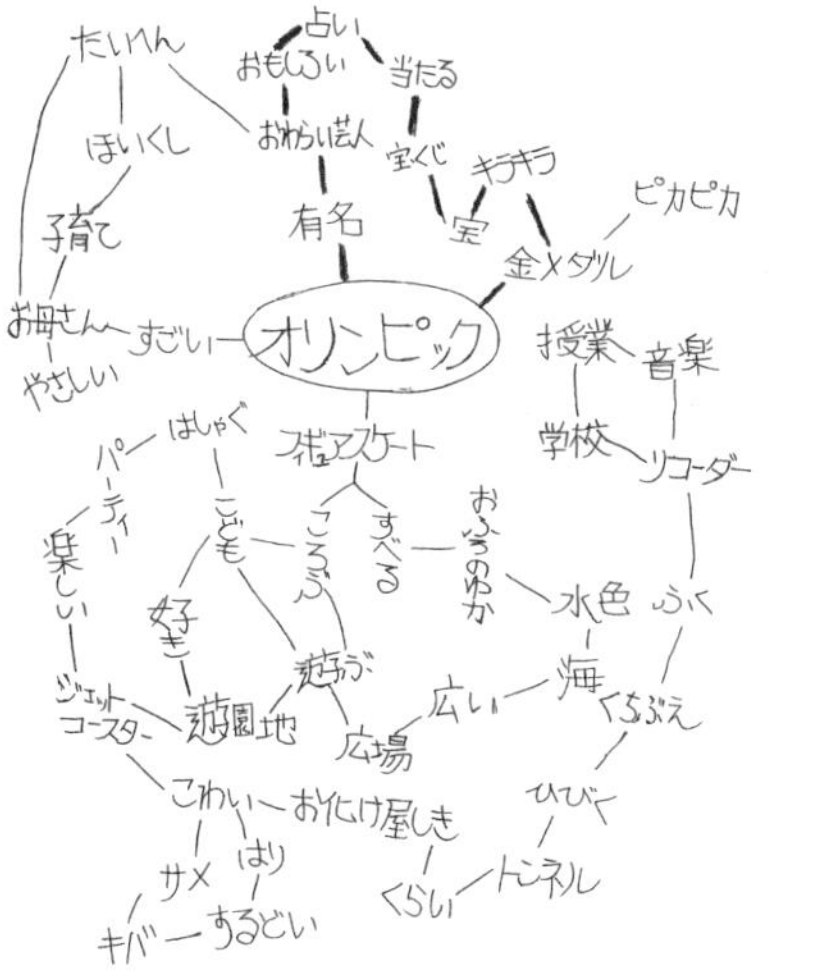

〈資料1・ウェブ・マップ〉

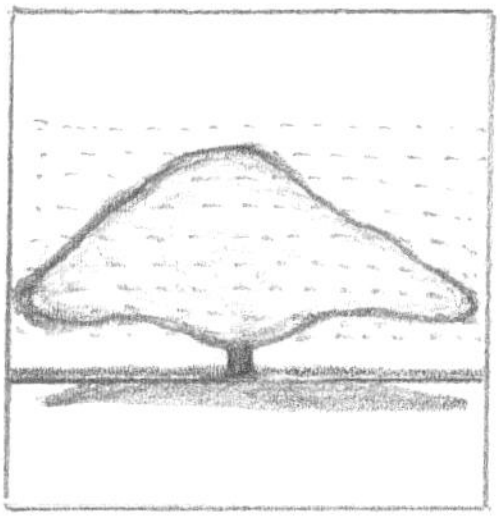

〈資料2・この広告に題名をつける〉

最初に、一つの新聞広告を例にして、全員で、題名と、広告をもっと印象づけるようなキャッチコピーを作った。

ここで取り上げたのは、青空の下にどっしりと立つ一本の木の写真を中心とした広告である。（資料2）

『この新聞広告に、広告をもっと印象づけるような題名をつけ、出し合いましょう。』

「自然の中で大きくなれ」、「未来にのびる大きな木」、「協力の木」、「どんどんのびる木」、「地球となかよし」。

児童は、一つの新聞広告にさまざまな題名がつけられることを知り、情報に対する受け取り方が人によって違うことに気付いた。また、話し合いという観点から見ると、この活動は広告のイメージを読むので、解釈に正解が無く、各自が考えた題名を意見として出しやすく、活発に意見交換ができる。

指　示

グループごとに別の新聞広告を使って、まず各自が題名をつけ、グループで話し合って最もふさわしいと思う題名を一つ決めよう。

グループごとに別の新聞広告を使って、題名をつけた。一人一人がつけた題名を持ち寄って、題名と広告との関連を考えて、話し合い、グループごとに一つの題名を決めた。

取り上げた新聞広告は、第一時に提示した多くの新聞広告の中から、企業名や商品名等を前面に出したものでなく、写真のイメージを上手く取り入れようとしているものを、六グループに一つずつ、計六つを選んだ。児童の発達段階や、今日的課題という観点から、環境や福祉

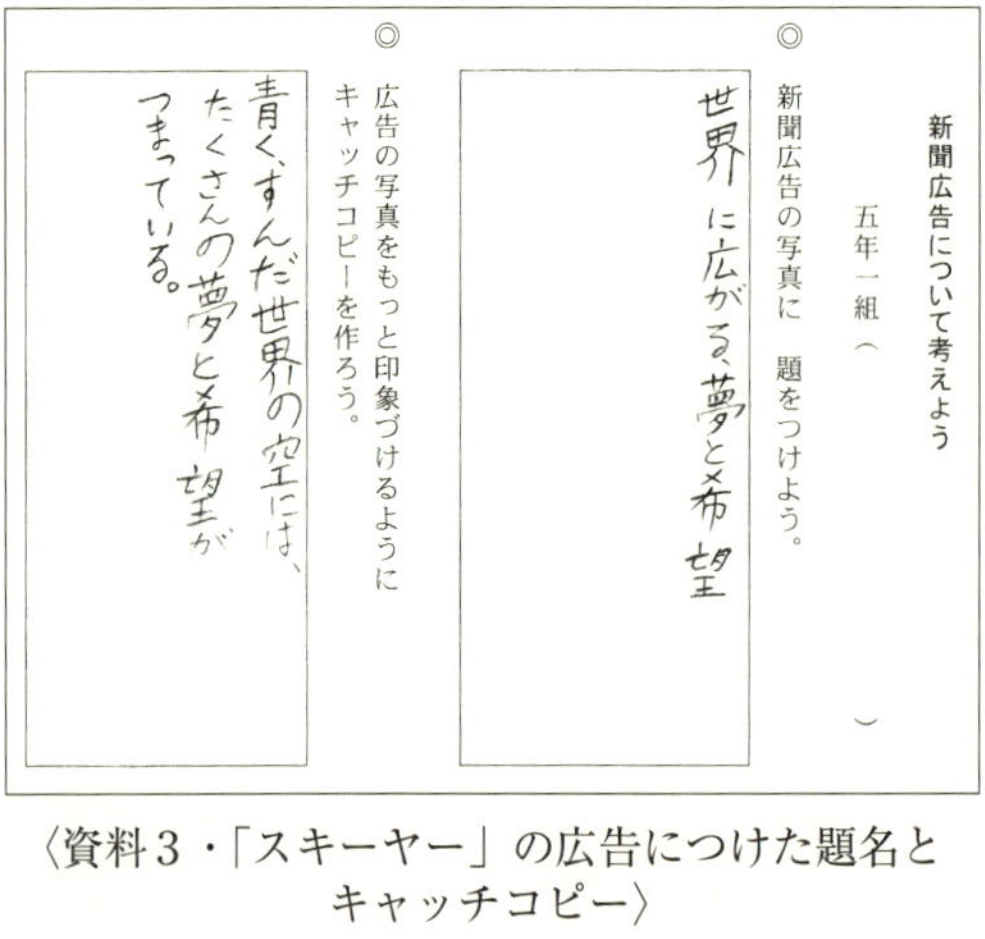

新聞広告について考えよう
五年一組（　）
◎新聞広告の写真に　題をつけよう。
世界に広がる夢と希望
◎広告の写真をもっと印象づけるように
キャッチコピーを作ろう。
青くすんだ世界の空には、たくさんの夢と希望がつまっている。

〈資料3・「スキーヤー」の広告につけた題名とキャッチコピー〉

をテーマとしたものなどを取り上げた。前ページのウェブ・マップの例に挙げた広告に児童がつけた題名とキャッチコピーを下に示す。（資料3）

なお、教材化するに当たり、活用したい広告の掲載されている新聞は、たくさん入手しておくとよい。

取り上げた六つの新聞広告は、次の通りである。

A　海を背景にした棚田の写真を使った広告（化学工業・家庭用ラップ）
B　妊娠している母親と幼児がふれ合っている写真を使った広告（洗剤）
C　森の中にアジアの女性が立っている写真を使った広告（住宅）
D　手形が並んでいて、横に漫画のキャラクターが描かれている写真を使った広告（出版）
E　スキーヤーがジャンプしている写真を使い、隅にオリンピックのマークが描かれている広告（テレビ）
F　サンゴとカクレクマノミの写真を中心とした広告（カメラ）

助　言

写真のある新聞広告に題名をつけるときに、次の手順で考えてみよう。

1　新聞広告から読み取れることをワークシートにたくさん書き、仲間分けするなどして、整理する。
2　挙げられた言葉から、連想を広げる。
3　新聞広告から一番伝わってくるメッセージは何か、考える。
4　広告の送り手が言いたいことは何かも、考える。
5　分かりやすく、印象に残る言葉で題名をつける。

グループは、一人一人が意見を出しやすく、話し合いに全員が参加できるよう、四人を基準とした。

Bの新聞広告のグループは、最もふさわしい題名を決めるのに、次のような話し合いをしていた。

「最初に、一人一人の意見を出そう。」

「ぼくは『未来の地球』という題名をつけたよ。わけは、地球に優しくして命も優しく守って、と考えたからす。」

「わたしは『エコ、いっしょに』とつけました。エコして未来を切り開けという意味です。広告に『エコ』と書いてあるから、この題名にしました。」

「わたしは『みんなの笑顔』とつけました。みんなが笑顔になってほしいと思ったからです。」

「『みんなが笑顔になってほしい』という理由が、よく分かるね。」

「このグループの題名を『みんなの笑顔』にしていいですか。」「賛成。」

各グループでそのような話し合いを行って、A〜Fの新聞広告につけた題名は、下の通りである。

A　青い海、すんでいるたな田
B　みんなの笑顔
C　地球を助ける人たち
D　伝説の右手
E　世界に広がる夢と希望
F　命のつながり

3. 新聞広告と題名のマッチング！

指示
新聞広告の写真と、友達が作った題名を、結び付けよう。

『六つの新聞広告と、各グループがつけた六つの題名があります。どの題名がどの新聞広告のものか考えましょう。』

各グループがつけた題名を、新聞広告と順序を入れ替えて提示した。新聞広告のA～Fはそのままで、題名の記号を変え、下のように①～⑥の番号をつけた。そして、一人一人に新聞広告と題名との結び付きを考えさせてから、グループで話し合わせた。なお、全面の新聞広告は、大きくて扱いにくいので、比較検討するときは、広告を撮影した写真（B7判サイズ）をラミネートフィルムでパウチしたものを配布し、身近に並べて見られるようにした。

①　伝説の右手
②　みんなの笑顔
③　世界に広がる夢と希望
④　命のつながり
⑤　地球を助ける人たち
⑥　青い海、すんでいるたな田

「新聞広告の特徴と、題名の特徴とを合わせて考えるといいね。」
「分かりやすくて、確実なのから、決めていこう。」

助　言（特に心がけたいこと）
話すときは　→　新聞広告と題名とを結び付けた理由が明確に伝わるように話す。
聞くときは　→・話し手がどの新聞広告とどの題名とを結び付けたか、正しく聞き取る。
・結び付けた理由が意見に対してふさわしいか、吟味する。
・自分の考えと比べながら聞く。

『新聞広告と題名とを、どう結び付けたか、発表しましょう。』（学級全体の場で）
A・C・D・Eの新聞広告は、題名との結び付きが、全グループ、一致した。BとFは、グループの意見が分かれた。例えばBについては、「みんなの笑顔」＝四つの班、「命のつながり」＝二つの班、である。
『題名と新聞広告を結び付けた理由を説明しましょう。』「右手の手形と漫画のキャラクターが出ていて、手形はその漫画を描いた漫画家のものだと思ったからです。」

写真と題名との結び付きをグループで話し合う

全体で話し合う

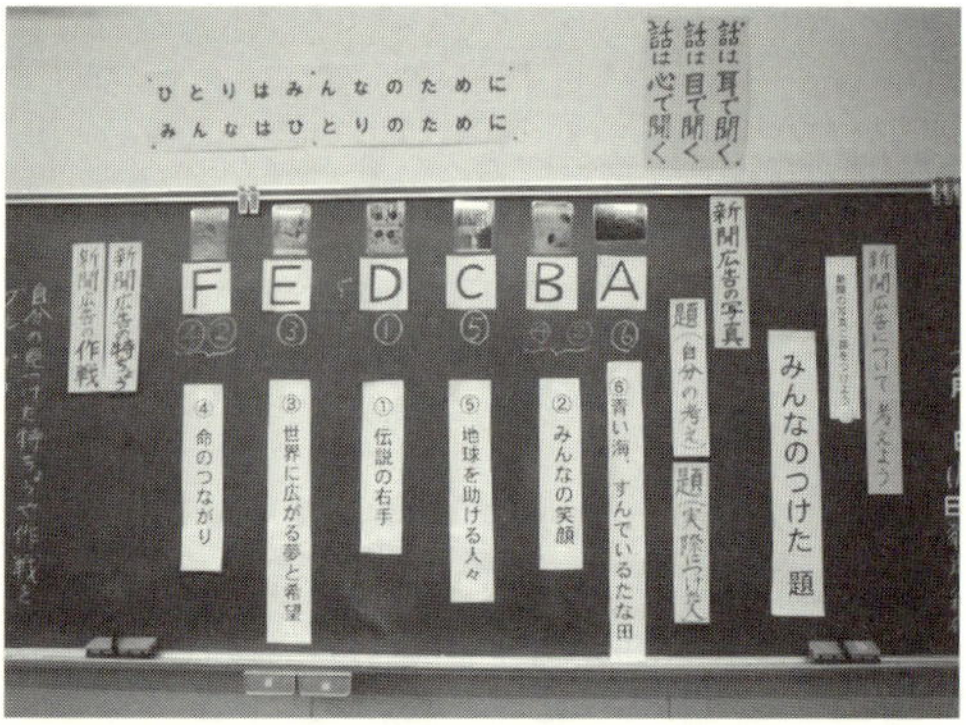

写真と題名とを結び付けた結果

など、児童は新聞広告と題名を結び付けたわけを説明した。

『それぞれのグループが、自分たちの新聞広告とそれにつけた題名と、その題名をつけた理由を発表しましょう。』

『発表するときは、新聞広告にその題名をつけた理由を明らかにして話しましょう。また、友達の発表を聞くときは、広告にその題名をつけた理由をきちんと聞き取って、自分の考えと比較しましょう。』

「Bの広告に、②の『みんなの笑顔』という題をつけました。理由は、地球に優しくして、命も優しく守って、みんなが笑顔になってほしいからです。」

「Cに、⑤の『地球を助ける人たち』という題をつけました。理由は、自然をもっと大切にしたり、今までに減っ

新聞広告について考えよう

五年一組（　　　　　　　）

一　どの写真が　どの題でしょう。

新聞広告の写真と、友達が作った題を　結び付けましょう。

新聞広告の写真	題（自分の考え）	題（実際につけた人）
A	⑥	⑥
B	②	②
C	⑤	⑤
D	①	①
E	③	③
F	④	④

二　新聞広告の　特ちょうや秘密を　見つけましょう。

○自分の考えを色上質紙に書いて、出し合いましょう。

○話し合いのまとめ・話し合って考えたこと

・カラーにして、めだたせるようにしている。
・題やキャッチコピーなどを大きく書いてある。
・なるべく字を使わないようにして、絵を大きくうつしている。
・下の方に住所や電話番号を書いて、新聞広告を見ただけで分かるようにしている。
・「買ってよ。」と言わず、「買ってよ。」と言ってないけど言っている感じに書いてある。
・初売りだから安くしてあるよ、というのを、大きくうつしている。

〈資料4・第4・5時ワークシート〉

た大事な緑を取り戻すために木を植えたりして、未来に木を残そう、と言っているとと思ったからです。」

「Fの広告に、④の『命のつながり』という題をつけました。理由は、ぼくは一人じゃない、みんなに囲まれて生きているんだ、と言っていると考えたからです。」

BとFは、逆の題名でも納得できるものであるが、題名をつけたグループが理由を明確にして説明できたのでつけたグループの意見を尊重した。

4．新聞広告の特徴や説得するための工夫を考えよう

> **指示**
>
> 自分の考えをもってグループで話し合い、新聞広告の特徴や広めるための工夫を考えよう。

新聞広告の特徴や、説得するための送り手の工夫について、自分の考えを確認する時間を取る。それから、グループで話し合う。

他の人の考えが「見える」ように、大きめの付箋紙（あるいは色上質紙）に自分の考えを書いて出し合い、考えを深め合うようにさせた。

「『商品を買って下さい。』や、『ここへ来て下さい。』などと、はっきりと言っている広告がある。」「『あまり『買って下さい。』などと言わないで、いろいろ説明した後にちょこっとだけ書かれている広告がある。」

付箋紙のメモをもとに話し合う

「『今の環境についてもっとよく考えてみて下さい。』という環境問題を訴えていることもある。」
「最近の広告は、『エコ』と書いてあるものが多い。」

この後、話し合いを承けて自分の考えを膨らませ、次時に、新聞広告の特徴や説得する工夫についてスピーチし、聞き合った。

広告は、商品の写真を載せたものなら、「広告の写真＝商品」であるが、イメージを前面に出した写真を使った広告なら、「広告の写真＝商品」ではない。広告から受け取るイメージで、広告を、ひいては商品（企業）をとらえることが多いことにも気付かせることができた。

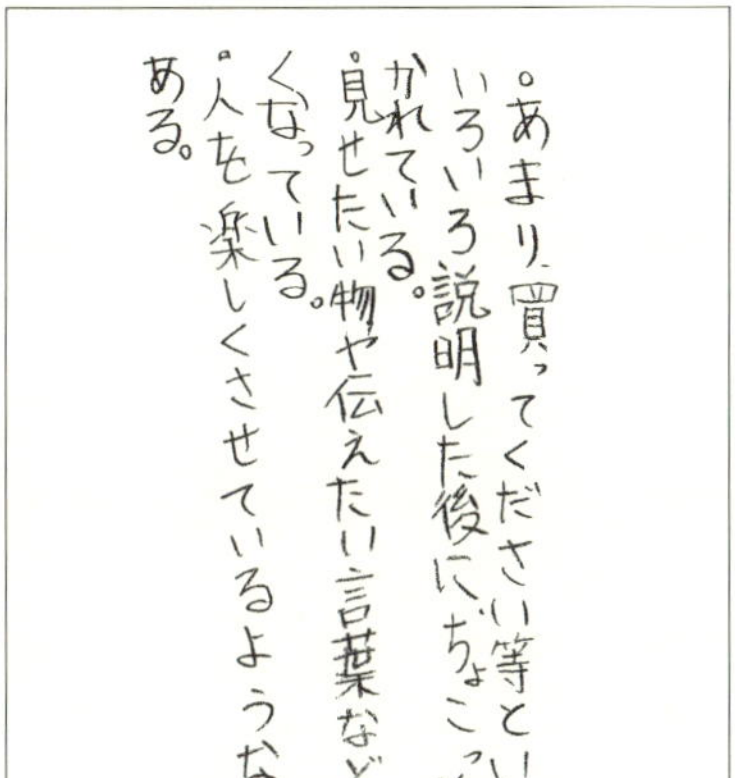
。あまり買ってください等といわないで、いろいろ説明した後に、ちょこっとだけ書かれている。
。見せたい物や伝えたい言葉などは大きくなっている。
。人を楽しくさせているようなものもある。

〈資料５　児童の書いた付箋紙の例〉

5．達成基準を踏まえた学習の評価

①写真のある新聞広告からイメージを広げて、ウェブ・マップを書くことができた。
②写真を使った新聞広告の題名を一つに決めるのに、理由を明確にするように心がけて話し合うことができた。
③新聞広告の写真と、グループごとにつけた題名とを結び付け、根拠をはっきりさせて話し合うことができた。
④新聞広告の特徴をまとめ、受け手を説得するための工夫について話し合うことができた。
⑤新聞広告の特徴や説得のテクニックについて考えをまとめ、話の構成を工夫して話したり、自分の考えと比べながら聞いたりすることができた。

６．実践後の反省と今後の課題

新聞広告という、教科書以外の教材を使い、新聞そのものと新聞を写真に撮ってラミネートフィルムでパウチしたものとを使い分けるなど提示の仕方を工夫することにより、生き生きと学習させることができた。写真のある新聞広告と題名とを結びつける活動は、ゲーム的な要素を取り入れ、意欲的に取り組ませることができた。

話し合う活動に際しては、話し合いの前にワークシートを書かせて考えをまとめさせたり、付箋紙を使って友達の考えと比べさせたりするとともに、話すこと・聞くことのポイントを明確に示すことにより、積極的に話し合わせることができた。

全体で話し合う場において、目に見える資料（視覚資料）の効果的な活用の仕方について、さらに工夫できるとよいと考える。全体で話し合う場では、まだ自信をもって話せない児童もいるので、その子に適した手立てで高めていくことも課題として挙げられる。

今後も、題材を広く求めて、話すこと・聞くことの力を培えるよう、実践を重ねていきたい。

（品川　孝子）

実践編

第1学年

国語の特質に関する事項

きみの文には『あたま』と『からだ』はある?

―文の主部と述部を意識させる系統的構文指導から作文へ―

単元のプロフィール

◎文は判断である。主部と述部の結びついた単位文で表現することを重視したい。文で話すことは、小学校に入学したときから、小学生に求められる言語行為である。文は、ある対象についての判断を言い表す基本的な単位である。判断の対象が「主部」(『あたま』)であり、判断の内容が「述部」(『からだ』)である。この主部と述部の結びつきが「文」であることを意識的に指導していくことが大切である。そして、この指導過程は、次のように、話しことばの段階から書きことばの段階へと、何度となく繰り返していく必要がある。

・入学した子どもたちに対して、絵を元に文で話させる指導の中で、主・述の整った文で話すようにさせる。
・自分のしたことや、見てきたものの様子を説明する口頭作文の指導の時に、主・述の整った文で話させる。
・読みの指導の中で、「何がどうしたのか?」「何はどんなようすなのか?」等を読み取り、文を意識化させる。
・作文指導の中で、主・述の整った文を使うようにさせる。
・より複雑な文があることに気づかせ、文法指導の系統性につなげていく。

子どもたちの判断力、論理的思考力を鍛える上で一番大切な文意識を、小学校に入学した時から、意識的に指導していく。一つの「。」までに、一つの『あたま』（主部）と一つの『からだ』（述部）が揃っていることが基本になる。これを単位文（主部一つ、述部一つの組み合わせ）と呼び、単位文で発話したり、書いたりするのである。そのためには、右の2・3・4を並行して進め、繰り返して行くことが大切である。

◎目標基準を踏まえた指導計画（文意識の確立のために）（年間を通して、計十時間分）

① 絵の中にあるもの、いるものを主・述の整った文で話そう。（『あたま』と『からだ』の整った文で）（二時間）

② 自分のしてきたことや、見てきたものを主・述を整えて、話すように書いてみよう。（三時間）

③ 「何がどうしたか」「何がどんなか」を手がかりに文章を読もう。（二時間）

④ 『あたま』と『からだ』の整った文で、作文を書こう。（二時間）

⑤ 『あたま』がない文、『からだ』が二つある文があることを知ろう。（一時間）

◎実践に際して工夫した点

○ 『あたま』と『からだ』をわかりやすく示した『文ちゃん人形』を使い、文には『あたま』と『からだ』が必要であることを強調することで、文意識を育てるようにした。

○ 主・述が完備していない文の時にも、『文ちゃん人形』を使い、「何が」「どうする」を、視覚的に確認するようにした。

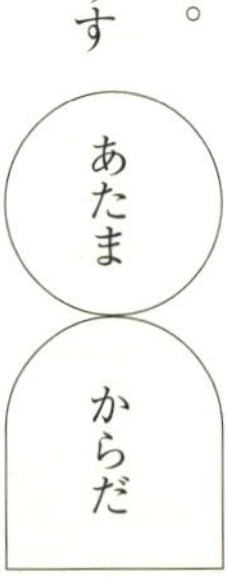

〈文ちゃん人形〉

1．「あたま」がないと、わからないよ（二時間）

◆絵を見てお話をつくる。（四月）

四月の下旬に、絵を見ながらお話する入門期の単元の学習をした。大きな声で発話すること、主・述の整った文で話すことを目標とした。桜の花びらの出所を探していた動物たちが桜の木を遠くに見つけた場面の絵がある。

指　示
ここの絵を見て、お話をつくりましょう。

「サルが、木に登った。」

「桜の木が、ある。」

「みんなが、走っている。」

「桜の木を見つけた。」

『誰が、見つけたの？』

「みんな」

「サルだよ。サルが、遠くを見た。」

「サルが、桜の木を見つけた。」

『「サルが」という「あたま」がないと、誰が最初に見つけたかがわからないね。』

「サルは、喜んだ。」「サルは、みんなに自慢した。」と、次々「あたま」と「からだ」の揃った文が発表された。

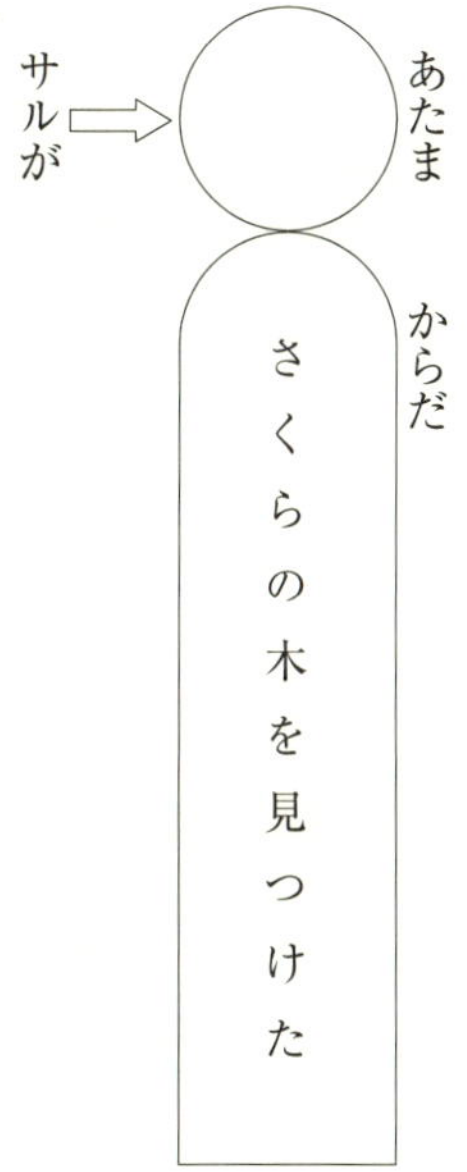

小学校に入学した子ども達が求められるのは、「教室の言葉」＝「社会的な言語」である。自分の発話が相手に理解されることが必要なのだ。単語文・一語文では意思の通じ合いが困難になる。「叩いた」では、誰が誰を叩いたのかが分からない。「○君が、ぼくを叩いた。」と言わなければならない。前後の状況がわからなければ、指導も成立しない。文は、ある対象についての判断を言い表す基本的な単位である。判断の対象が「主部」であり、判断の内容が「述部」である。この主部と述部が揃って、初めて相手に伝わる。親しい人が相手の時には、補って聞いてもらえるが、学校生活の場面ではそのような機会は少ない。「ナニガ（主部）・ドウ（述部）」（①動詞文「ナニガ—ドウスル」②形容詞・形容動詞文「ナニガ—ドンナダ」③名詞文「ナニガ—ナンダ」）をはっきり示さなければならない。存在文となる「アル・ナイ文」の指導も必要になる。そこで、「文ちゃん人形」を示し、「『ナニガ・ダレガ』が『あたま』で、『ドウスル・ドンナダ・ナンダ』が『からだ』だ」と指導しておくと、「あたま」と「からだ」の揃った文＝主・述の完備した文かどうかの区別が、一年生の子にも分かりやすくなる。この「文ちゃん人形」は、教室に常掲しておくとよい。

◆観察したことを絵にして、説明する文を書く（五月）

私は、ひらがなの清音の指導が終わる段階から、絵を描きそれに解説を加える程度の作文を書かせるようにしている。

> 指　示
>
> アサガオの双葉が出てきたので、観察して絵を描き、わかったことを文にしよう。

しっかりと描いた双葉の下に書かれた五月末の作文例である。

「こんなにおおきくなりました。でもさいごのいっこわまださいてません。」

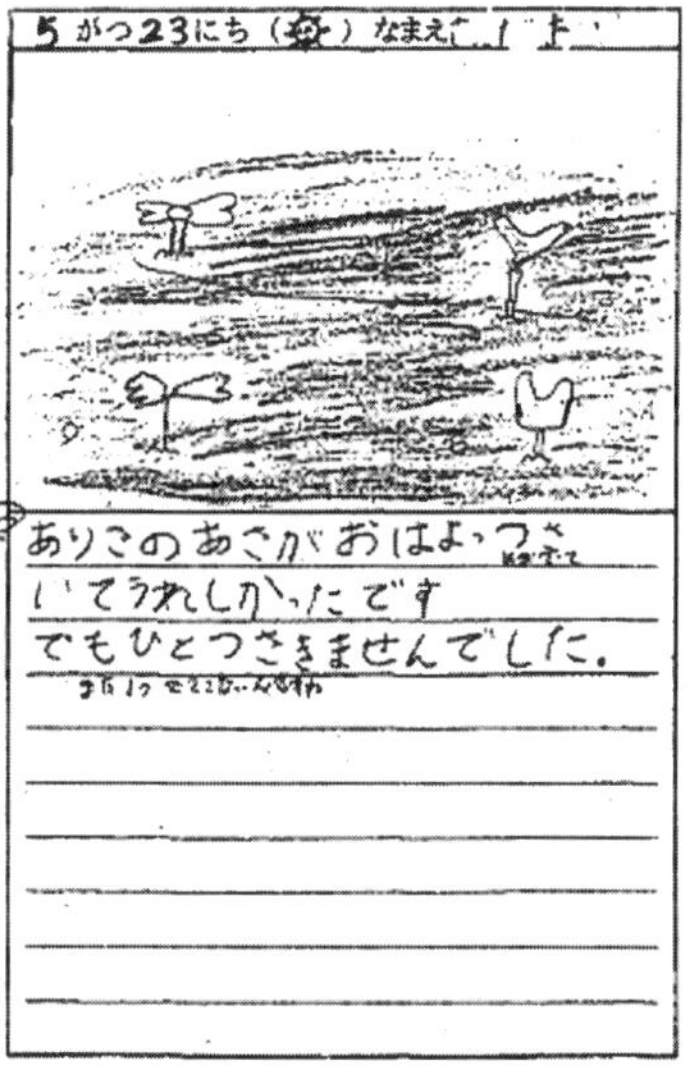

「ありさのあさがおは、よっつさいてうれしかったです。でもひとつさきませんでした」

　アサガオの観察とは関係のないことを書いたり、「芽が出た」を「咲く」と表現したりしているが、自分の行為や思いを綴るようになってきている。否定形や逆接の接続詞の使用も見られる。これが書きことばの出発点である。

2. 自分のしたこと、見たことを話すように書いてみよう（三時間）

◆自分の経験や思いを話すように書く（六月）

板　書

「楽しかったこと」「がんばったこと」

『運動会では、何が楽しかったですか。頑張ったことは何でしたか。』

「つな引きがおもしろかったです。リレーの時がんばって走りました。」

「玉入れが楽しかった。五十メートル走をがんばりました。」

『楽しかったことも、頑張ったことも違いますね。では、紙を配ります。自分が一番楽しかったこと、頑張ったことを書きましょう。』

子どもたちは次のような作文を書いた。

「たのしかったのは、おおだまおくりです。とてもたのしかったです。がんばったのは、五十メートルそうです。がんばったけど、五いでした。」

「たのしかったのは、ちゃれんじゃーです。みんなでやったからです。がんばったのは、五十めとるそうーはしるので、がんばったからです。」

自分の経験や思いをしっかりと綴っている。板書の表現が「〜こと」と名詞になっているので、名詞文が出てきた。また、なぜ楽しかったのか、なぜ頑張ったのかの理由を「から」を使って書く子も出てきた。

◆観察記録などで形容詞文や名詞文を書く（六月）

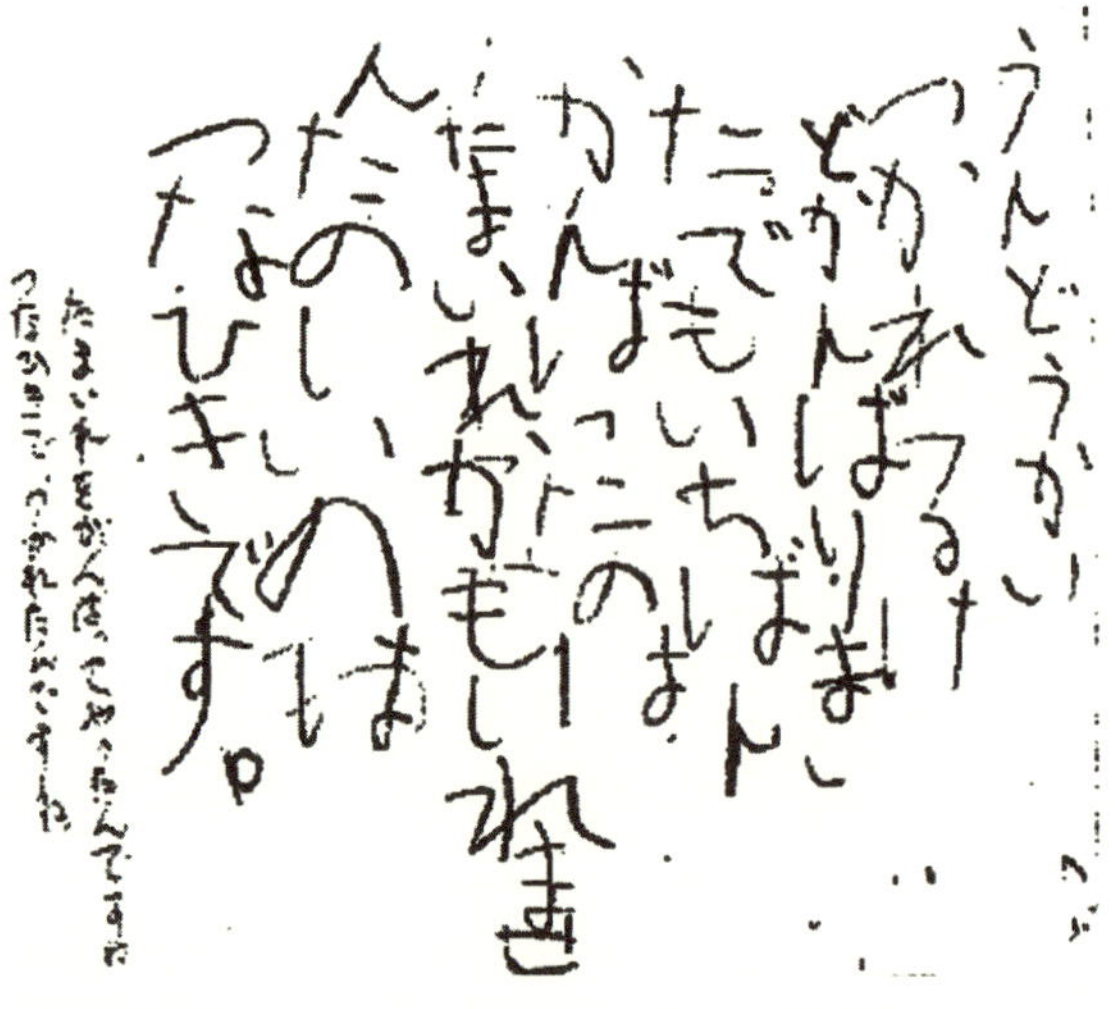

> 指　示
>
> アサガオが大きくなったね。じぶんのアサガオをよく見て、わかったことを文にしてみましょう。

『あさがおのつる』「ぼくのあさがおは、つるのさきがいんげんみたいでした。ぼくのあさがおの、ほんばのかずは二十六まいでした。つるは、しちゅうよりのびてた。あさがおは、ぼくのみみぐらいでした。よくみると、しちゅうになんかいもからみついてた。いちばんてっぺんのつるのほんばが、ちっちゃかった。」

長くてまとまりのある文を書くようになってきた。「よくみると」ということばで注意深く観察させるようにしていた成果が出ている。比喩表現も出始め、修飾語がだいぶ多くなってきた。世話をしていたので、「ぼくの」「わたしの」が目立つようになった。このように、観察記録を書くと、事実や様子が書かれるようになり、形容詞文や名詞文の数が増える。

◆自分の思いや感想・意見を書かせる（七月）

校外学習で、葛西水族園に行った後、子どもたちに聞いてみた。

『葛西水族園の現場学習では、何が楽しかったですか？』

「シュモクザメ。シュモクザメの目が離れていたのがおもしろかった。」

「ペンギンが手の後ろを追って動いたのが楽しかった。」

など、いろいろな意見が出てきた。

板書
かさいすいぞくえん

その中で、子どもが書いた作文に次のようなものがある。

「まぐろのかいてんずしがたのしかったです。でも、このまぐろはどん

すいぞくえん
きんようび
かさいりんかいすいぞくえん
いちばんよかったことは、
うにといっしょにあくしゅしたし、
いたくなかったですがわかったたし
いきていたです。とってもげんきでした。あとぺんぎんもかわいかっただです。でもひとつではそんなたのしくなかったです。あと、いりぐちについたときどきどきしました。わたしは、しゅもくざめがおもしろかったけど、ちょっとこわかったです。でも、すいぞくえんのなかは、まっくらではんがあんまりみえなかったです。また、いきたいです。おかあさんもりかちゃんもいきたかったです。

どんうられていくのかな～。そんなことをおもいました。いちばんおもしろかったのは、うにやかにやさかなやひとでを（に）さわれるところが、いちばんたのしかったです。でも、ひとではさわれませんでした。さめもしゅもくざめがおもしろくて、おもしろくてわらいすぎてへそでちゃをわかしました。まっかないそぎんちゃくがいました。そのなまえはなんだったんだろう。それよりぺんぎんがてのようにうごいてくれたのがかわいかったです。（以下略）」

このように、単位文を連ねて、自分の見たもののおもしろさを自由に表現している。指示語の使用もある。

3．文章の中に「あたま」と「からだ」を見つけよう（二時間）

◆『かくれて　いるのは　なに』という説明文の導入時（六月）

『ばらの木になにがいるの？わからないよ』

「ばらの木に、アブラムシがたくさんいます。」

「アリが、アブラムシの汁をなめるんだよ。」

「あっ、シャクトリムシだ」「シャクトリムシが隠れている」「三匹いる。」「四匹だよ。」「どこ？」

「『なにが　かくれて　いるのでしょう』は、問題文だ。」

指示

問題の文「なにが　かくれて　いるのでしょう」と「ばらのきに、なにかいます」を一つにつなげてみよう。

「ばらの木に、シャクトリムシが、います。」「シャクトリムシが、いた。」

『シャクトリムシがいるんだね。問題の文の「あたま」は？』

「なにが」「シャクトリムシ」

『「なにが」が「あたま」だね。「からだ」は?』

「かくれている」「かくれているのでしょう」

『「ばらの木に、何かいます」の方の「あたま」は?』

「ばらの木に」「違うよ。何か、だよ。」

「『ばらの木に何が隠れているのでしょう』だったら一つの文になります。」


「問題の文」という言葉が子ども達の中から出てきた。それに対する答えの文はわかりやすい。では、問題の文の前にある「ばらの木に、なにかいます。」はどういう文かが問題になる。主・述の整った文を意識させると、文の中の言葉を色々と操作できるようになる。

◆『おむすびころりん』の最後の部分を読んだ後、感想文を書く(七月)

子どもは、次のような文章を書いた。

「はじめは、おじいさんがかわいそうだったけど、でも、いまはたのしそうでよかったです。それで、おじいさんは、ねずみからこづちをもらったからうれしそうだったです。それでおじいさんとおばあさんは、いつまでもなかよくたのしくくらしたからよかったです。」

接続詞(「でも」「それで」)や接続助詞(「けど」「から」)を使って、自分の感情の変化を意識している。また、文章を根拠にして想像する中で、論理的思考が展開されている。文学の読みの感想文は、説明的な文章を書かせる前段の指導として有効である。

4．自分たちがしたこと「説明」してみよう（二時間）

◆体育の時間に子どもたちとドッジボールをした後に（九月）

体育の時間に子どもたちとドッジボールをした。その後の時間にそのことを作文に書かせたものである。

『ドッジボール』「ドッジボールは、あてたりなげたりするものです。みんなつよくて、ゆだんできません。いっしょのグループもつよくて、やくにたちます。わたしは、みんなとやって、たのしいです。でも、ときどきけんかもします。わたしはみんながやさしくしてくれて、とってもたのしかったです。みんなしゅうちゅうしてボールをみていました。なんかいもこっちのチームがかち、わたしはおおよろこびです。（以下略）」

このように、現在形を多用し、説明系の文章を書く子も出てくる。こうした文章を学級便りなどで紹介していくと、それが教室の文化として花開いていく。

◆工夫し、考えながら行動したこと、よく見たことを書こう（十月）

板　書
紙を折って、落として遊ぼう。

「てんとみたいにおったのは、まっすぐおちます。しかくにきったのはくるくるまわります。さんかくもしかくとおなじみたい。おちばみたいにつくったのは、くるんくるんとまわります。とんぼみたいにきったのは、くるくるとまわります。しかくくおったのは、くるくるとまわります。」

「こんにちは、では、これからおりがみがいろいろなかたちのまわりかたをせつめいします。①はまっすぐおちました。②くるくる（くるくる巻の絵）と、まわりました。③は、ゆ～らゆ～らまわりました。④は、二かいてんしておちました。⑤は、一かいてんしておちました。⑥も一かいてんしておちました。⑦まっさきにおちました。」

落ち方の説明をするために擬態語がたくさん出てくる。比喩表現も出てきた。いろいろな学習課題を子どもたちに提示することが、論理的な思考力を育てる上で必要である。

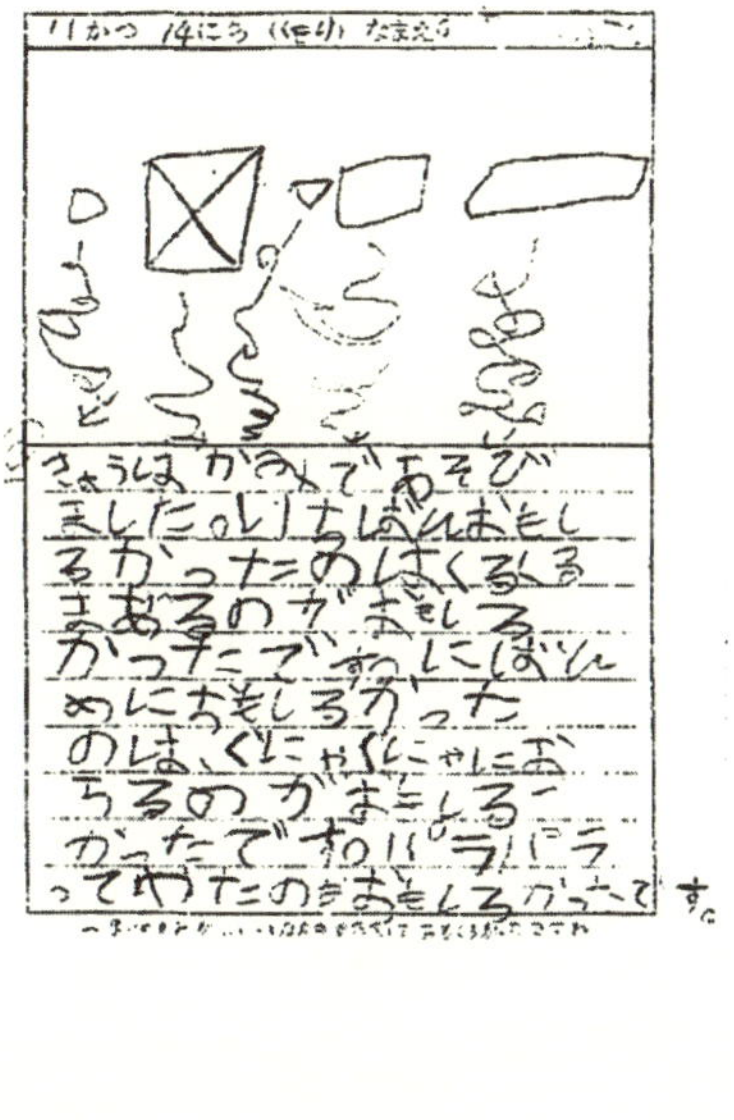

5.「あたま」がないよ。「からだ」が二つあるよ。（一時間）

◆文の主部・述部の取り立てによる系統的指導（十月）

> 指　示
> 先生がこれからすることを文にしなさい。

「窓を開けた。」

「先生が窓を開けて外を見た。」

『「あたま」と「からだ」に分けてみよう。』

「『窓を開けた』の文には、「あたま」がないよ。」「先生は、頭なしだ。」

「『先生が窓を開けて外を見た』の「あたま」は、『先生が』で、「からだ」は『窓を開けて外を見た』だ。」

「『先生が窓を開けた』で一つで、それから、『先生が、外を見た』だよ。」

「「からだ」が二つあるよ。」


このように、文の中には「あたま」がない（省略されている）ものや、一つの「あたま」に対して二つの「からだ」があるもの、などを知ることで、単位文が重ねられてより複雑な文になっていくことの導入とする。また、文の内部についても、単純に「あたま」と「からだ」だけではなく、「ドウスル」の場合には「何ヲ」という言葉が必要になる場合もあることに気づかせていくことも大切である。

6．達成基準を踏まえた学習の評価

①自分の見たことや思ったことを主・述の整った文で綴るようになった。
②単位文を積み重ねて、自分がしてきたことを自由に表現できるようになった。名詞文の使用も見られた。
③文と文とをつなぐ接続詞、接続助詞の使用も増えてきた。形容詞文も使われるようになった。
④ことばを限定したり詳しくしたりする修飾語も増えた。説明するために、擬態語や比喩表現などの活用も見られるようになってきた。場面に応じた文種を選択することもできるようになった。
⑤複雑な構造の文も「あたま」と「からだ」を使って理解することができた。

7. 実践後の反省と今後の課題

複雑な文は、「あたま」が二つのものまでにとどめる。このようなことを意識しながら、多様な学習活動を子どもたちにさせる中で、一年生でも、意識的な論理的思考力育てができることが約半年間の実践からわかった。

単位文を中心に、それをつなげて長い作文を書くようになると、それぞれの文のつながりの論理性に関心を持つ子が増えてきた。そこで、接続詞を使うことを指導すると、同じ順接の接続詞が何回も出てくる。確かに、リズム感がよくなるが、主・述の関係が三つも四つもあるような文は書かせたくないので、接続詞の効果的な使い方の指導をどうしていくのか、学年の発達段階も考慮しながら系統的な方策を立てなければならない。

（山岡　寛樹）

実践編

第5学年

国語の特質に関する事項

「言葉って、おもしろいな」

――寸劇活動を通して、言葉の使い方を工夫しよう――

単元のプロフィール

◎本単元は、TPO＝状況、T（time＝時間）、P（place＝場所）、O（occasion＝場合）、さらに相手（人）を加える、に応じた言葉遣いに関する理解を深めることを中心的なねらいとして設定した。適切な言葉遣いを考えて、話したり書いたりして交流する言語活動をふんだんに設定し、頭で理解するだけではなく、実際の生活場面でも活用していける能力を育成したいと考えた。そこで、本単元の目標を次のように設定し、知識と技能の両方の獲得を目指した実践を行った。目的や場に応じて言葉遣いが変わることに興味をもち、様々な場面を想定して適切な言葉遣いを考えて話したり書いたりするとともに、生活に生かす意欲をもつ。（　）は学習指導要領の該当項目である。

・共通語と方言の違いを理解し、また、必要に応じて共通語で話すこと。（話・聞ウ）
・表現の効果などについて確かめたり工夫したりすること。（書オ）
・話し言葉と書き言葉との違いに気付くこと。（伝・国イ（ア））

・日常よく使われる敬語の使い方になれること。（伝・国イ（ク））

◎目標基準を踏まえた指導計画（九時間）

第一次　相手や状況に応じた言葉遣いを知ることができる（六時間）

①「おはよう」等の挨拶の使い分けから、ＴＰＯに応じた言葉遣いについて理解できる。（一時間）
②お礼、謝罪、依頼などの言葉の中から、ＴＰＯによって言葉を使い分けている例を集められる。（一時間）
③伝える内容をＴＰＯに応じて言葉で換えていく方法を知り、その効果について考えることができる。（四時間）

第二次　言葉遣いから相手や状況を推察することができる。（三時間）

④身近な会話の中で使われている言葉から、ＴＰＯを予想して再現することができる。（二時間）
　・敬語と通常語の入れ替えに関わるＴＰＯ。ことばの省略に関わるＴＰＯ。
⑤「わたしは○○へ行きました」という答えが自然に聞こえるＴＰＯを考えることができる。（一時間）

◎実践に際して工夫した点

○具体的な学習場として、同じ内容のメッセージであっても、ＴＰＯが違うと言葉遣いも変わっていくことに気付いていく場を構成した。
○教科書教材を読んで、知識として学ぶだけではなく、子どもたちの日常生活と結びつけた状況を設定して、実際の生活場面でも活用していけるようにした。
○子どもたちがＴＰＯを自分たちで設定し、条件に合うような寸劇を構成して楽しみながら、言葉の使い方について考えるように意識した。

1.「おはよう」と「こんにちは」はどう違う（一時間）

この時間のねらいは、日常何気なく使っている挨拶の言葉でも、自分たちが無意識のうちに使い分けているという事実に気付かせることに置いた。単に午前と午後という時間で使い分けているのではなく、相手と自分との関係性によっても使い分けていることに目を向けられるような展開とした。

T「おはよう」と「こんにちは」の挨拶を、普段はどのように使い分けていますか?
C1 朝や午前中には「おはよう」と言い、お昼や午後には「こんにちは」と言うことが多い。
C2 夕方になると「こんばんは」と言うけど、はっきりした時刻が決まっているわけではない。
T では逆に、「こんな場面で使うと変な感じになる」という例は挙げられますか?
※グループで挨拶を交わす様々な場所や相手を想定して相談する時間をとる。
C3 例えば、家の中で家族に対して「こんにちは」とはあまり言わない。よそよそしい感じがする。
C4「おはよう」は「ございます」をつければ、どんな人にも使えそうな気がする。

このようにして、家族のように親しい関係の相手には「こんにちは」を滅多に使わないということに気付くことができた。同時に、どちらもよく使う挨拶の言葉ではあるが、改めて使い分けのルールを考えてみると、「自分たちは、意外と難しいことを普段している」という声も聞かれた。

2．お礼、謝罪、依頼等の言葉はどのように使い分けられているか（一時間）

第一時に続いて、挨拶ことばの例の他に、普段使い分けている言葉がないかどうかを探し出す時間とした。

・親しい相手への「お礼」では、「ありがとう」「サンキュー」という軽い言い方をするが、目上の人や改まった場では「どうも〜」や「〜ございます」と丁寧な言い方をする。
・同様に「謝罪」では「申し訳ありません」「ご迷惑をおかけしました」という言い方になる。「依頼」では、「お忙しいところ……」「……お願いいたします」という言い方になる。

このように、いくつか例を集めて、いつ・どんな相手に使い分けているのかを考察したことによって、自分たちが知らず知らずのうちに、相手や状況に併せて言葉を選択していることを実感できた。この二時間で学習したことを、第三時以降で行う教科書教材「宇宙人からのメッセージ」（光村図書五下）での学習につないでいく。

3．TPOに応じて宇宙人へのメッセージを書き直そう（四時間）

「宇宙人からのメッセージ」は、次のような設定になっていている。主人公のさとる君と友達になったピロル星人のピロロの家族が、宇宙船に乗って日本にやってくることになり、着陸前に日本の人々にメッセージを送ることになった。そのメッセージをピロロが日本語に直すのだが、日本語を覚えて間もないので、心配になってさとる君に相談したのである。すると、日本語に直されたそのメッセージには表現上いくつか問題点を含んでいたのである。

ア　方言。日本全国の人々に伝えるには共通語にした方がよい。

イ　常体表現。公式なメッセージにするためには「です」「ます」調（敬体）にした方がよい。

ウ　通常語。初めてメッセージを聞く相手には改まった表現（敬語）にした方がよい。

エ　和語。「仲よく」や「今日」という言い方を、「友好的に」「本日」（漢語）にした方がよい。

まず、ア→イ→ウ→エと表現が変化している四つのメッセージを読む。次に二つのメッセージを比べて、どこがどのように変わったのかをマーキングしていく。その後、どのような効果があるのかを検証していった。

第三時　ア（方言）とイ（共通語）との比較　…　例「ピロル星人や」→「ピロル星人だ」
・アはとても馴れ馴れしい感じがする。イだと日本全国に通じる言い方になる。
第四時　イ（常体表現）とウ（敬体表現）との比較　…　例「ピロル星人だ」→「ピロル星人です」
・ウはいねいで親切な感じがする。イはいばった言い方に聞こえる。
第五時　ウ（和語）とエ（漢語）との比較　…　例「着陸してはいけない」→「着陸禁止」
・エはテレビやラジオで放送してもいい感じ。子どもが伝えるメッセージとしてならウで十分。

このように、同じ内容を伝える場合でも、使う言葉が変わると、相手に伝わる感じが変わってくるということに気付いていった。これは第一・二時で考えた挨拶の例と共通する要素とも言える。第六時は、これらのまとめとして、ア〜エの要素を取り入れて、「ムム星人のメッセージ」（同）を公式メッセージに書き改める活動を行った。

4．TPOを予想して言葉を再現してみよう（二時間）

第七時以降は第二次として、言葉遣いからTPOを推察する学習へと発展させた。たとえば、意外と知られていない敬語の機能に、「疎遠な感じを与える」というものがある。親しい友達同士の会話で敬語を使ったら、非常によそよそしい印象を与えるはずである。あるいは、主語を省略して言っても通じる状況とはどんな場合かを考える。交わされている言葉を手掛かりに、「いつ？」「誰が誰に？」「どこで？」など、具体的な状況を子どもたち自身が設定した上で、その場面を再現していく言語活動を設定していく。そうすることで、自分たちが無意識のうちに的確に言葉を使い分けている事実を再認識できると考えた。さらに、何気ない一言からでも、見えていない相手や未知の状況を推し量ることができるという気付きが生まれることを期待した。

第七時　敬語↓通常語、通常語↓敬語に変わっていくTPOを予想し、再現する。
・「〜ですね」と話していた友人同士が、「〜だよな」という言い方になる例。
・呼び捨てで名前を呼ぶ母が、急に「さん」付けで名前を呼び始める例。
第八時　主語や述語を省略しても通じ合うTPOを予想し、再現する。
・「先生、トイレ」だけで、「先生、トイレに行きたいのですが、いいですか？」が通じる例。
・「終わりました」だけで、「先生、私たちの掃除が終了しました」が伝わる例。

このように、それぞれ二つの例を教師が示し、子どもたちはそれらの言い方をしている人物、時間、場所などの

ＴＰＯを予想していった。第七時では、転校した友達と久しぶりに会って話した時に感じるよそよそしさや、先生や親から「くん」「さん」「～ですか？」と言われるときに感じる緊張感を、再現活動に組み込んだグループがいくつか見られた。第八時では、同じ時間に同じ場所にいる同士なら、多少言葉が不足していてもわかり合えるという予想のもと、「えんぴつ！」（落ちたから拾ってよ）、「早く！」（もう授業が終わったから早く外に行って遊ぼうよ！）などの再現例が見られた。第七時に比べて、第八時の「省略」の例の方が子どもにとっては身近なようで、いくつもの例を楽しみながら考え出すことができた。

5.「私は○○へ行きました」という答えが自然に聞こえる聞き方とは（一時間）

本時は、「わたしは○○に行きました。」が適切な言い方になる尋ね方を想定して、日本語の相手や状況に応じた省略や強調の機能に気付くことを目的とした。

日本語には、単独で用いれば文法的に正しい言い方であっても、実際の会話では滅多に使われない言い方がある。その一つが「わたしは雪祭りに行きました。」が答えになる言い方である。本時は、この答えに対応する尋ね方を問題にした。つまり、問いに対する答えではなく、答えに対する問いを考えることになる。子どもたちは、内容的に合致する尋ね方は容易に見つけることができる。しかし、友達と何度か応答していく中で、「～という質問に対する答え方としては、どうも不自然な感じがする」という気付きが生まれる。これをきっかけに、より自然な応答となるためのＴＰＯを考えていくことにした。答えの言葉に、わざわざ「わたしは」という主語をつけて答えるのはどんな場合か。なぜ「雪祭り」という答え方では不十分なのか。誰が、誰に、話しかけたときに成立する会話なのか。言葉が用いられているＴＰＯを追求していくことから、日本語は主語を省いて言うことの方が多いことに気付かせたいと考えた。
『今日の学習は、「わたしは○○に行きました。」と答えるＴＰＯについて考えてみることにします。』

発　問
あなたは今年、札幌雪祭りに行ったことがあるという想定です。ある人から「○○○○○？」と尋ねられました。その人はあなたが雪祭りに行ったかどうかは知りません。その質問にあなたは、「わたしは雪祭りに行きました。」と答えたとします。
さて、ある人はどのような質問をあなたにしたのでしょうか。

教師から子どもたちに『雪祭りに行ったかい？』と数人の子どもに尋ね、その時の答え方を板書していった。すると、実際に行った子どもからは「行ったよ。」「行きました。」「はい。」「うん。」などの答えが返ってきた。「わたしは」（ぼくは）の主語がなかなか出現しないということを確認した上で、『「わたしは雪祭りに行きました。」という答えが一番ふさわしい答え方になるようなＴＰＯってあるのかな？』という問題を考えていくことにした。
次に、「わたしは雪祭りに行きました。」と答えた人・尋ねた人の関係や、時間・時期、場所など、考えられることについて意見を出し合った。実践前には次のような反応を予想していた。

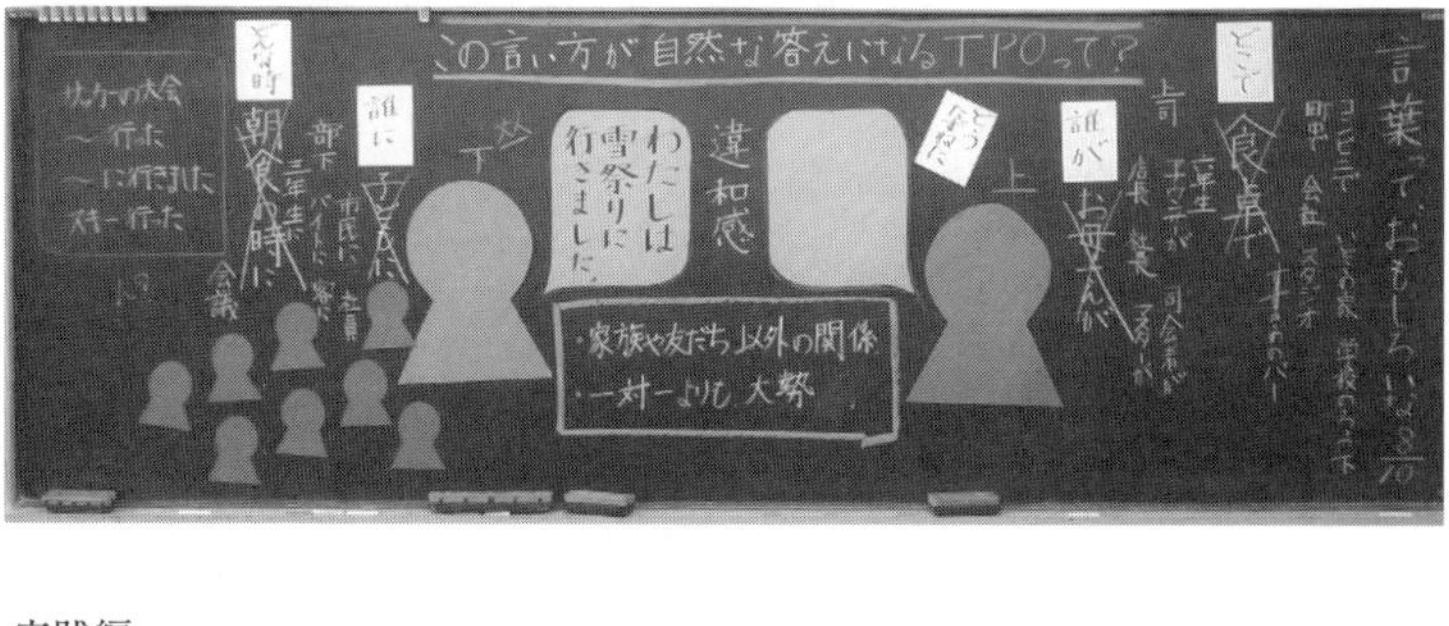

A【「ある人」とは誰か?】…ていねいな答え方だから大人ではないだろうか。
B【どんな場で尋ねたのか?】…「わたしは」だから、大勢の人に向かって尋ねたのではないか。
C【いつ尋ねたのか?】…先生が子どもに「冬休みにどこへ行ったの?」と尋ねたのではないか。

実際の授業では、友達同士で二人ペアになり、一方が「昨日どこに行きましたか?」と尋ね、もう一方がその質問に「わたしは雪祭りに行きました。」と答える活動を行った。子どもたちからは、「このやりとりには、どうも違和感がある。」という感想が聞こえてきた。「二人で話をしている時なら、いちいち『わたしは』って言わないのではないか。」「親子の会話としてはよそよそしい。」という声も聞かれた。

この違和感をよりはっきりさせるために、教師から、『「朝食時に食卓で、お母さんが我が子に尋ねる」というケースで同じやりとりが行われたとしたら?』と投げかけたところ、「親しい関係同士だから違和感があるのではないか。」という気付きを共有することができた。

本時の授業前半のポイントは、「その尋ね方に対して、『わたしは雪祭りに行きました。』と答えるのは不自然だ。」と気付くことにある。普通に「どこに行きましたか?」と尋ねただけでは「わたしは」が出現しない。「あなたは~」と尋ねても、答える側が「わたしは」と言う必要がない。つまり、尋ねたり答えたりする「言葉」だけの問題ではなく、TPOも含めた問題としてとらえることが重要である。

この気付きをヒントに、主語の「あなたは」が出現するTPOを寸劇によって再現していく言語活動に入る。あえて主語の「わたしは」を入れて答える必要があるようなTPOを再現するという目的のもと、四、五人ずつ八つのグループで寸劇の構成を考えた。八つのグループごとに、①「どんな時」②「どこで」③「誰が」④「誰に」話しかけた時に、「わたしは、~ました」が自然な答えになるかを考えさせていった。①~④のような具体的な視点を示したことによって、状況設定がしやすくなったと考えている。実際の寸劇例として、まず二つ例を示す。

例一　会社で上司が、複数の部下に向かって、「君は昨日、どこへ行ったのかね？」と尋ね、二番目に問われた部下が「わたしは雪祭りに行きました。」と答える寸劇。

例二　地元札幌のバーテンダーが、観光客に向かって、「お客さん、昨日はどこへ行きましたか？」と尋ね、「わたしは雪祭りに行きました。」と答える寸劇。

例一は、目上の者が目下の者に話す状況である。この場合、目上の人に対する配慮もあって「わたしは」を使うと考えたようである。また、部下は一人ではなく、複数の部下がいる中での、二番目の部下の発言と言うことで、最初の部下の発言との違いを表す意味でも「わたしは」が使われていると考えたようである。

例二は、初対面に近い関係で交わされる会話例を取り入れた寸劇である。この例のように相手との関係が「わたしは」を必要とするかしないかに影響があると考えたようである。前半で親しい間柄の言葉遣いについて取り扱ったものが、違う形で活かされている例と言えるだろう。この二つ以外には、次のような再現例が示された。

例三　昼時の街頭インタビューで、アナウンサーが一般市民に。

例四　開店前のコンビニで、店長がアルバイトの人に。

例五　会議中の会社で、社長が社員に。

例六　親戚宅で遊んでいる時、叔母が子どもたちに。

例七　テレビの生放送中スタジオで、司会者がゲストに。

例八　休み時間に学校の廊下で、六年生が三年生に。

先の例一同様に、これらの再現活動から、「答える人が一人ではなく、複数いると例が作りやすい。」という気付きも生まれた。これを受けて例四を考えたグループは、子ども役を三人にして寸劇を構成し直した。

叔母「昨日はどこに行きましたか？」
子一「わたしはジャスコに行きました。」
子二「ぼくは友達の家に行きました。」
子三「わたしは雪祭りに行きました。」

このように、答える側が複数いて異なる答えをするような場合に、「わたしは」という主語を用いると他との違いを強調できることにも気付くことができたグループが見られた。

短い寸劇ではあったが、人物や場所などを具体的に想定し、実際に自分たちがその役を演じてみることは有効であった。また、いくつかの例を出し合うことによって、帰納的に言葉の特徴を考えることができた。

最後に、単元全体を振り返り、感じたり考えたりしたことを話し合った。子どもたちから出されたものを類別すると、おおむね次の二つにまとめられる。

・普段何気なく使っている言い方でも、無意識のうちにちゃんと使い分けていることに驚いたという内容
・同じことを伝えるのでも、言い方によって受け止められ方が大きく変わってくること

6. 達成基準を踏まえた学習の評価

◎いくつか例を集めて、いつ・どんな相手に使い分けているのかを考察したことによって、自分たちが知らず知らずのうちに、相手や状況に合わせて言葉を選択していることを実感できた。また、同じ内容を伝える場合でも、使う言葉や方法（省略）が変わると、相手に伝わる感じが変わってくるということに気付くことができた。
◎「どんな時」「どこで」「誰が」「誰に」という具体的な視点を示したことによって、状況設定がしやすくなった。
◎寸劇の活動を通し、人物や場所などを具体的に想定し演じてみることで、言葉の働きを帰納的に学べた。

7. 実践後の反省と今後の課題

条件に合うように寸劇を創るという言語活動を通して、子どもたちの意欲を高め、登場人物や場所等の状況設定を自分たちで構成していくことに楽しさを感じさせられることができた。

今回取り上げた例は、日本語のもつ特徴のほんの一部分であり、今後はさらに別の日本語の特徴や機能に気付いていくことができるような題材や言語活動を模索していきたい。例えば、教育出版の五年下に「日本語を考える」（水谷修）という説明文があり、そこで取り上げられている「すみません」の多義性について、「すみません。つまらないもので…」「すみません、○○はどちらですか」の違いを考えたり、「どうも、どうも」「どうもありがとう」のような「どうも」をどんな時、誰に使うかなど、外国人が感じる日本語の特徴を手がかりに考えたりするのも一つの方法である。また、子どもたちにとって身近なアニメやドラマの中にも題材を求めることができるだろう。

その一方で、日本語の用法や文法に関する知識を深める方向での実践も考えていけるだろう。今回の実践では、「わたしは」を取り上げたが、「わたしが」との違いを考えさせるなど、「が」と「は」の働きや語感の違いについて子どもたちなりに考えさせることも可能であろう。

学習の継続性という点においては、子どもたちが「今日の授業ではこんな発見があったよ。」「話し言葉にはこういう傾向があるんだね。」など、見付けたことを教室に掲示していつでも見られるようにしておくと、無意識的になりがちな言葉への意識をより高めることができるものと思われる。

（村上　智樹）

調査・研究編

調査・研究編

1 入門期説明文から始める論理的思考の指導

岩永　正史

1　説明文を巡る学力の状況

最近、日本の子どもの学力が問題視されている。ＯＥＣＤの学力調査では、読解力が、二〇〇〇年の調査で調査国中の二位グループに入っていたものが、二〇〇三年にはＯＥＣＤ平均レベルにランクを下げた。ＰＩＳＡショックである。ほぼ同時期に、文部科学省が実施した教育課程実施状況調査でも問題が指摘された。朝日新聞（二〇〇三）は、小学五年〜中学三年対象の調査結果と教科別分析のポイントを次のように紹介した。（傍線部は筆者）

●国語【小学校】漢字力では一般に憂慮されている低下傾向は見られない。相手や目的などに応じて自分の考えを明確にする記述式の問題で設定通過率を下回る。

【中学校】自分の考えを述べる問題や説明的な文章の段落構成を問う問題で下回る。

また、高校生対象の調査では、「要旨や主題を読みとることは身についているが、意見を筋道立てて述べる力や、自分の考えを深めたりまとめたりする力は不十分」（朝日新聞、二〇〇四）と報じた。

ここで指摘された国語学力の問題点を要約すれば、文章のジャンルとしては文学教材より説明・論説文教材に、思考力としては論理的思考力に弱さがあるということである。

説明文（教科書教材としての説明文・論説文）で学ぶことには、正確な読解力、論理的思考力、説明的表現力などがある。その中でも、論理的思考力は、説明対象の認識や説明内容の批判的検討を下支えする能力であり、説明文の学習を通して育てておきたい重要な力である。

ところが、ＰＩＳＡなどの学力調査によって明らかにされた日本の言語教育の弱点は、つまるところ論理的思考力とそれを説明に乗せる力の不足であったといってよい。ＰＩＳＡが突きつけた結果は、メディアの報道の多さもあって衝撃的だったが、落ち着いてみれば、ほぼ同じ時期に実施された文部科学省の教育課程実施状況調査でも同様なことが指摘されていたということだ。

なぜこのような状況が生まれたのだろう。

ここでは、説明文の読みにおける論理的思考の指導に焦点をあてて考察していこう。まず、説明文の学習において論理的思考力を育てる実践状況の問題点、とりわけ、系統的な学習の出発点にあたる小学校入門期の実践の問題を指摘する。ついで、そのようになる原因としての「論理的思考力」のとらえ方を検討する。そして最後に、小学校入門期から論理的思考力を育てる指導を提案する。

2　説明文の学習は中高学年のものか？

この数年を振り返ると、市販の国語教育誌の関心は、早くもＰＩＳＡを離れ、改訂された学習指導要領のキーワードである「言語活動」「活用」「読書」「伝統的な言語文化」などに移ったようだ。そんななかで、児童言語研究会の機関誌『国語の授業』は、国語科における説明文の指導や論理的思考力の育成を重視している。次の通りである。

・二〇〇八年六月『国語の授業』特集「言語論理教育」
・二〇〇八年一〇月『国語の授業』特集「夏季アカデミーシンポジウム・論理的思考力を育てる説明文の授業」
・二〇〇九年八月『国語の授業』特集「論理的思考力を高める説明文の授業」
・二〇〇九年一二月『国語の授業』特集「説明文の授業論」

この間、『国語の授業』は、「小学校の説明・論説文でどんな力を育てればよいのか」(岩永二〇〇八)、「ことば・論理力をどう育てるか」(内田二〇〇九)などを掲載し、二〇〇八年五月には、『今から始める言語論理教育』を出版している。これらは、最近の言語教育の課題を真摯に受け止めた結果とみることができよう。

ところが、詳しく見れば、問題点がないわけではない。これらの特集にとりあげられた小学校の実践は、中高学年のものがほとんどで、低学年の実践は少なく、中でも一年生の実践は皆無といってよい。

このような傾向は、『国語の授業』だけに見られる現象ではない。岩永(二〇〇九b)は、一般的な市販雑誌である『教育科学国語教育』(明治図書)の実践の状況を調べた。二〇〇五年一〇月から二〇〇八年一〇月までに発行された三六冊中に延べ三〇五編の教材が取りあげられていた。しかし、この中で入門期の説明文教材は三編(三実践)にすぎなかった。入門期の説明文教材は、研究的な実践の対象になりにくいようなのである。

入門期には、学校生活への適応や文字の読み書きなどが重要な課題になるから説明文の実践が少ないのだと考える向きもあろう。だが、入門期の文学には「大きなかぶ」という定番教材があり、文学の読みに即した指導が行われているのではないか。それなら、同じように、入門期の説明文には、系統的な説明文学習のスタートとして、つまり「説明文への入門」として押さえておくべき学習内容があるはずだ。説明文を読んだり、書いたり、論理的に考えたりすることへと発展していく学習がなされなければならないはずである。中高学年へと学校教育が進んだ段階で、突如説明文の学習内容が現れるわけではないからだ。

3　多様に用いられる「論理」、どうとらえるべきか

なぜ入門期、あるいは一年生の説明文は実践報告の対象になりにくいのだろう。まず、説明文の指導でとりあげるべき論理的思考とは何かを検討しておこう。

論理という言葉は実に多様に用いられる。「勝者の論理・敗者の論理」という言い方がある。「政界の論理」とも言う。このように、「論理」というと、なにやら高級なことを言っているように聞こえるが、前者は、「勝者の（敗者の）ものの見方（あるいは、言い分）」と言いかえられるし、後者は、「政界のしきたり」とでも言えばよい。これらは説明文で育てる論理的思考とは別物としておく。

ここでは、説明文の学習に即して考えていくわけだが、説明文について語るにあたっては、「説明文の展開の論理」などの言い方も目にする。この場合は、「説明行為の進行を支えている方針」と言いかえられる。「説明行為の進行を支えている方針」とは、たとえば、説明の開始部で、問いかけるのがよいか、要旨をずばりと提示するのがよいか、また、本論の部分では、結論を先に述べて理由をあとにするのがよいか、理由を述べてから結論を示すのが適切かといったことなどのことである。これは、どちらの方がわかりやすいかという問題である。

一方で、理由と結論のどちらを先にするにしても、理由と結論の関係は変わらず存在することになり、それが正しくなければ、説明内容が誤りであることになる。そこで、説明文の中で、説明行為のわかりやすさに関わる要素と説明内容の正しさに関わる要素を区別することにし、前者を「説明行為の進行に関する知識＝説明スキーマ」と呼び、後者を「論理」と呼ぶことにする（説明スキーマについては、岩永二〇〇二、二〇〇九ａなどを参照）。

4　一年生に「論理的思考」は可能か？

次に、入門期、あるいは一年生で、論理的思考の指導は可能か、と考えてみよう。論理的思考というと、「むずかしいもの」という印象があるように思われるからだ。そのような印象は根拠のないことではない。ピアジェの発達段階説によるなら、経験的事実を離れて、仮説による論理的操作や命題間の論理的関係の理解が可能になるのは、小学校高学年以降の形式的操作期である。

ところが、内田（二〇〇九）は、知識や経験の及ぶ範囲でなら、就学前の幼児でも、「金魚は水の中に棲んでいます」の真偽判断の際に三つのタイプの推論をすることを見出している。現象論的推論（例、金魚は水から出すと苦しくなって死んでしまう）、演繹的推論（例、魚介類はえらで呼吸するので、金魚も例外ではなく水の中でえら呼吸している）、帰納的推論（例、金魚だけではなく、めだかも、さんまも、えらで呼吸しているので魚類は水の中で生活している）の三タイプである。これは、「知識や経験の及ぶ範囲でなら」という限定がつくものの、論理的思考の萌芽が見られる、注目すべき結果である。

こうしてみると、一年生なりの論理的思考の指導、あるいは、その「萌芽」を生かした指導が可能になるのではないかと考えられる。

5　国語科の説明文で育てる論理的思考とは

井上（二〇〇九）は、通常用いられる論理的思考の意味として、次の三つの用法をあげている。

① 形式論理学の諸規則にかなった推理のこと。（狭義）
② 筋道の通った思考。つまり、ある文章や話が論理の形式（前提―結論、または主張―理由というような段落構成、骨組み）を整えていること。
③ 直感やイメージによる思考に対して、分析、総合、抽象、比較、関係づけなどの概念的思考一般のこと。（広義）

そして、国語科では、論理的思考という言葉が、②や③の意味で用いられることが多いとしている。

これを、先の内田（二〇〇九）が紹介している事例と重ねてみれば、幼児にも次のような思考がはたらいていることになろう。

・関係づけ　金魚は水から出すと苦しくなって死んでしまう。だから、「金魚は水の中に棲んでいます」は正しい。
・抽象　めだかも、さんまも、魚類（魚の仲間）である。
・比較　金魚も、めだかも、さんまも、えらで呼吸する。

こうしてみると、「知識や経験の及ぶ範囲でなら」という点に注意すれば、小学校入門期であっても、「広義の論理的思考」指導の可能性が見えてくる。

6　入門期説明文教材での論理的思考の指導

実際の教材に則して、論理的思考の指導内容を考えていこう。「なにが　かくれて　いるのでしょう」（教育出版「ひろがることば」1上）をとりあげる。次に教材本文を掲げる。

（見開き1）
タイトル・なにが　かくれて　いるのでしょう
ばらの　きに、なにか　います。
〔写真①　バラの枝と三匹のシャクトリ虫〕
なにが　かくれて　いるのでしょう。
（見開き2）
しゃくとりむしが　かくれて　いるのです。
〔写真②　一匹のシャクトリ虫のアップ〕
かれはの　なかに、なにか　います。
なにが　かくれて　いるのでしょう。
〔写真③　枯れ葉に羽を閉じて留まるコノハチョウ〕
（見開き3）
このはちょうが　かくれて　いるのです。
はねを　とじると、かれはと　そっくりに　なります。
〔写真④　枯れ葉に羽を開いて留まるコノハチョウ〕
じょうずに　かくれる　ことの　できるむしは、ほかにも　いろいろ　います。

〈写真⑤　ニイニイゼミ、オオカマキリ、ショウリョウバッタ、ナナフシ、トノサマバッタ〉

シャクトリムシとコノハチョウをとりあげ、昆虫の擬態を解説した教材である。小学一年生でも、身の回りを注意深く観察すれば体験できそうな対象が選ばれている（このことは「知識や経験の及ぶ範囲」という点から重要である）。紙面は、写真と文の対応した構成で、文で述べたことを写真で確認し、昆虫の擬態を実感できるようになっている。説明行為は、問いと答えで進行する形になっている。文章末尾では「じょうずにかくれることのできるむしは、ほかにもいろいろいます。」と述べたうえに、ニイニイゼミ、オオカマキリ、ショウリョウバッタ、ナナフシ、トノサマバッタの写真を掲げていて、読み手の興味を持続させる終わり方である。文に比べて写真が多く、「見ること」を中心にした絵本的な紙面構成に、入門期の教材の特徴が見出せる。

この教材は、写真中心の紙面構成であり、問い、答えとも「見ればわかる」簡単なもので、一見、論理的思考とは無縁のように思われる。しかし、井上（二〇〇九）にならうなら、論理的思考に関わる次のような指導内容を見出すことができる。

・対応関係の把握

この教材を読みとるためには、「関係づけ」のもっとも初歩的な思考である、対応関係の把握が必要である。問いの部分の「～に、なにかいます。なにがかくれているのでしょう」の「なにか／なにが」が答えの部分の「しゃくとりむし（このはちょう）がかくれているのです」の「しゃくとりむし」や「このはちょう」にあたることがわかることである。こうした対応関係は、一年生には、言葉で説明できなくてもよかろう。次のようなワークシートの（　　）に適切な言葉を入れることができればよい。

ばらの　きに、（　　　）います。
（　　）が　かくれて　いるのでしょう。
（　　）が　かくれて　いるのです。
かれはの　なかに、（　　　）います。
（　　）が　かくれて　いるのでしょう。
（　　）が　かくれて　いるのです。

また、発展的に、さまざまな昆虫の擬態を発表する学習活動を計画した場合には、たとえば、次のようなこともできる。

1　教科書にある次の文型を使う。

［　　］に（　　　）います。
（　　）が　かくれて　いるのでしょう。
□が　かくれて　いるのです。

2　［　　］には各自がとりあげた対象にふさわしい言葉を入れて発表する。（　　　）の方は、カードの片面に（?・）、裏面には答えにあたる昆虫の名前を書き、「なにか」「なに」にあたるところでは（?・）を示しながら話し、最後の答えを出すところでは□に昆虫の名前を入れて話すようにする。

・具体と抽象

先に、教材文末尾の書きぶりを「興味を持続させる終わり方」と言ったが、そうなるためには、児童が具体と抽象の関係をとらえることが必要になる。「じょうずにかくれることのできるむしは、ほかにもいろいろいます」の文と、五種類の昆虫の写真との関係をとらえることである。例えば、次のような問いに答えられればよい。

1　「むし」の仲間に入るのはどんなものですか?
ニイニイゼミ、オオカマキリ、ショウリョウバッタ、ナナフシ、トノサマバッタ、
アゲハチョウ、モンシロチョウ、シオカラトンボ、アキアカネ、カブトムシ、クワガタムシ、…

2　1の中で「「じょうずにかくれることのできるむし」の仲間に入るのはどんなものですか?
ニイニイゼミ、オオカマキリ、ショウリョウバッタ、ナナフシ、トノサマバッタ、
~~アゲハチョウ、モンシロチョウ、シオカラトンボ、アキアカネ、カブトムシ、クワガタムシ~~、…

このように、個々の教材に即して、そこにはたらく論理的思考を取り出していけば、小学校入門期から「論理的思考力を高める説明文の授業」が可能になるのではないか。「論理的思考の指導は、入門期から」という意識を持つことが重要である。まずは、手元にある教科書から始めてみよう。

文　献

朝日新聞　二〇〇三　子ども、どこで間違えた　朝日新聞二〇〇三年五月一三日朝刊　朝日新聞社
朝日新聞、二〇〇四「意欲低下」くっきり　朝日新聞二〇〇四年一月二四日朝刊　朝日新聞社
井上尚美　二〇〇九　論理的思考の指導　田近洵一・井上尚美編　国語教育指導用語辞典・第四版　教育出版

岩永正史　二〇〇二　認知心理学から一読総合法を見る（下）　国語の授業　一七一号　一光社
岩永正史　二〇〇八　小学校の説明・論説文でどんな力を育てればよいのか―論理的思考と説明スキーマを中心に国語の授業二〇八～二〇九号　一光社
岩永正史　二〇〇九ａ「言葉の力」こそ、基幹学力―説明スキーマを育てよう―　基幹学力の授業　一七号　明治図書
岩永正史　二〇〇九ｂ　入門期説明文教材はいかにあるべきか　読書科学五二巻四号
内田伸子　二〇〇九　ことば・論理力をどう育てるか　国語の授業二一一～二一二号　一光社
＊本稿は、『国語の授業』誌・二〇一〇年八月号をもとに執筆した。

2 小学生に身につけさせたい「語」の力

――こんなことから始めてみませんか――

渡邊 洋子

井上尚美氏の掲げる「言語論理教育」指導要領（試案）[1]の中で特に「語」の部分に着目した実践を紹介したい。

〔小一～二年〕
一　目標　（2）・（3）
二　内容　A　語　イ・オ
〔小三～四年〕
一　目標　（2）・（3）
二　内容　A　語　ウ・エ・オ
〔小五～六年〕（〔中学・高校〕も含む）
一　目標　（2）・（3）
二　内容　A　語　ウ・エ

例えば、小学校一～二年から挙げられている「比べる」ということばを教室の中でどのように子どもたちに定着させていけばよいのだろうか。取り立て指導をすればよいのか。一時間で身につくものなのか。実際には、教師が身につけさせようとするだけでは定着しにくく、指導が難しいと考えられがちな部分である。授業参観に行くと、黒板の上に掲示物が貼ってあり、意識的にことばを使うよう指導していることのうかがえる学級もある。しかし、大抵は掲示したその時のはやりで終わり、身につけさせるまでいかないことが多い。それをどうやって授業に活用し、子どもに身につけさせればよいのか。

実践例一　『子どもの「学び方」を鍛える』[2]（佐藤康子・大内善一著）

これら論理語彙の導入を子どもの側に立ってスムーズに行い、最終的には完全に定着させる指導を行う様子が『子どもの「学び方」を鍛える』に分かりやすく説明されている。以下にその一部分を紹介する。

私が言う考えるスキルとは、子どもたちが、考えたり、発言したりするための前置きの言葉を意識させることです。つまり、「たとえば……」「でも……」「付け足して……」「だって……」「と比べて……」「そういえば」などの言葉に続けて考え、話すことです。

この方法もこれまで述べてきたことと同じように、子どもにこうしなさいと一方的に指導するのではなく、子どもに気づかせ、使わせ、馴れさせ、そして身につけさせます。どのように指導したか述べることにします。

授業中の子どもの発言の中に必ず、前述のような前置きのことばを使う子どもがいるものです。よくよく聞いてみてください。必ずいます。特に、「……比べて」や「でも……」、「付け足して」「たとえば」「そういえば」

が多いようです。このような発言が出たら、すかさず授業を一時ストップし、子どもに気づかせるのです。（中略）こうして『比べる』を広めるようにします。国語だけでなく、多くの教科で『比べる』を意識させます。『比べる』週間を作ってもいいでしょう。（中略）

前置きの言葉は考えるために大切だというメッセージをより強く伝えたいと思い、これを巻物にしました。『比べて』がやや定着した頃、長い用紙に『比べて』と書いた短冊を貼り、くるくる巻きにして教室の隅に置きます。「比べては免許皆伝だよ。黒板の脇に貼っておかなくても使えるよね」と言って目に見えないようにします。前置きの言葉が増えれば、巻物を出して、「さあ、巻物に付け加えますよ。免許皆伝が増えたね」と言って加えます。一番見せたいことを巻物にしておくのです。見せたいものほどすぐには見せない、「見せて」と言わせたい、あるいは見せなくてもできるようにしたい、こういう思いです。そして巻物は、中の言葉の数が増え、そのうち必要なくなります。（以下省略）

まず子どもに気づかせるようにしている。それには、教師が、常に子どもの発言を聞き逃さず、チャンスを待つ姿勢でいることが大事だということがわかる。いつでも指導できる態勢をとっているのである。子どもが何気なく使った「……と比べて」という言葉をその場で取り上げ、「……と比べて」という言い方をすると分かりやすくなることを実感させ、学級の宝として扱い、子どもたちの身体にその言葉が入り自由に使えるようになるまで、折に触れては繰り返し、使えるようになる喜びを感じさせながら粘り強く指導していく、この働きかけが見事に語られている。参考にしたい実践例である。

さらに、佐藤氏の実践例では「理由」「証拠」「わけ」「根拠」についても触れられている。ここに一部紹介をする。

6　考える力を鍛える「学んだことを生かす」

長年の経験から言えることですが、「考えなさい」「考えてください」と教師が指示しても子どもは容易に考えられないものです。何をどう考えればいいのかわからないのです。「わからないことを聞きなさい」「どこがわからないの？」と言っても、すぐに答えられないのとよく似ています。

ここでは子どもが考えることに喜びをもち、友だちと共に学ぶおもしろさを体得させるための鍛え方を述べます。

（1）学んだことを生かす

考えることの基本は学んだことを生かすことです。学んだことを必要なときにもち出して、自分の考えを作るために役立てられるようにしなければなりません。私は子どもたちに「頭の引き出し」と言って、問題解決のために既習経験・既習内容を総動員することを指導しました。それを自分の考えの理由・根拠にさせるのです。これにも指導の段階がありますので詳細に書きましょう。

A　既習経験を生かして考えることを教え気づかせる段階（中略）

B　理由は？根拠は？と指示しなくても良くなる段階

発言には根拠・理由が必要であることを理解すると、それが当たり前になってきます。時々言い忘れる子どもがいると、子どもたちが「理由は？」と尋ねたり、言いよどんでいる子に「理由は……ではないですか」と傍らから助け船を出す子も出てきます。教師の指示はだんだん少なくなってきます。

既習の経験や日常生活を学習問題の解決に役立てることができるようになると、子どもたちは日常生活を意味づけるようになります。（以下省略）

この間には、子どもたちと教師との間で以下のようなやりとりも行われている。

教師：今の皆さんの考えはすばらしいな。先生感激してしまった。どんなところがすばらしいと思う？
子ども：理由を言っている。
子ども：そうだ、僕、水やりを忘れて枯らしてしまった。それで先生からまたもらったんだよ。
子ども：二年生のことを思い出してる。
子ども：おうちのお花のことも証拠にしている。
教師：では、予想を考えるときには何を思い出せばいいのですか。
子ども：前の勉強。
子ども：お家のことも思い出せばいいよ。
教師：良いことに気づきましたね。すごいな。りっぱだな。予想のときだけでなく、理由を考えるときは、前に勉強した何かと関係させればよい考えが浮かぶのですよ。理由を言ってくれれば意見がよくわかりますね。

ここで着目したい部分は、子どもがそのことばを使えたときに、ただ「すばらしい！」とほめるだけでなく、なぜすばらしいのか、子どもたちに気づかせるよう導いている点である。「今の発言良かったですね」と子どもをほめることは多いが、その発言のどういう点が良かったのか、子どもに発見させ、次には自分も挑戦してみようという気持ちにさせること、それが授業中の学習で大事なことであると説明している。「そのことばを使う」だけにとどまらず、なぜそのことばを使うと良いのか十分理解した上で、子どもが意識的につかおうとすることの重要性を指摘している。

論理語彙を使うことがどうして素晴らしいのか、子どもたちの発言の中から子どもたち自身に具体的に発見させることが学習の定着に効果的であることを示唆する実践である。

実践例二　『力のつくことばの学習五十のアイディア』（教育文化研究会編[3]）

①　ことばのショーケース　ことばの関係に注目

この学習は、ことばの関係の中から「同義語」「類義語・対義語」「上位語・下位語」「同位語」を取り上げ、いくつか挙げたことばについてショーケースに並べてみようという実践である。日本語では「そうじ」と「清掃」のように言い換えのできる言葉が多い。また、「ぞうきんでふく」「ほうきではく」「窓をふく」「黒板をきれいにする」など具体を示す言葉も見つかる。「整理」「整頓」「片づける」「きれいにする」「よごす」「乱雑」など、一連の言葉はどのような関係にあるのか、分類しながらショーケースに展示していく。

普段、ことばをまとまりとしてとらえる機会は少ないが、この学習はそこに焦点を当て、楽しみながら分類できるように工夫されている。上位語・下位語など、どのように指導していったらよいか授業への取り入れ方がわからない場合、まずはこんなところから始めてみてはどうだろうか。授業のみならず、学級づくりの一環としてのゲームとしても行うことができ、教室内に展示される言葉が増え、分類の概念も自然に導入できる学習である。

②　「道」もいろいろ　一語多役のことば

わたしたちがつかうことばは、一つの意味しかもっていないことばばかりではない。いくつかの意味をもっていることばも多く存在している。たとえば、「顔」という言葉を考えると、「顔面」「目鼻立ち」「表情」「人（メンバー）」「面目」「訪問・参加」など、さまざまな意味があることに気づく。いわゆる、「ことばの多義性に気づく」という学習であるが、このことばは、文章中のこの部分ではどの意味で使っているかという限定を行う上で欠かせない基本的な学習である。原義を真ん中に置き、派生的な意味を周りに配置したマップを作るなど、作業を行うことも可能である。これらの活動を通じてことばを的確につかう基礎を養うことができる。

③ 辞書がなくても　未知の言葉に挑戦

読んでいる本や教科書の中に意味のわからない言葉が出てきたとき、すぐに辞書を引いてしまわないで、まずは自力で推理してみようという実践である。

ア　文の前後の関係（文脈）から、その言葉の意味を考える。

イ　漢語の場合には、一つ一つの漢字の意味、その漢字を使った別の熟語、用例から考える。

同じことを友達にもしてもらい、友達の推理と比較する。そのうえで辞書を引き、辞書にはどのように説明されているか、自分の推理した意味と比べる。

この学習は、教科書のまだ学習していないページを開いて、知らない言葉を探し、その意味を考える学習まで発展していく。①・②でおこなった学習がことばだけにとどまらず、読みにも発展していく可能性を示唆した学習である。この学習をした児童は、一部分の意味を確認するためだけに辞書を使わず、辞書に書いてあることをなめるように読み込む方向に進んでいく。また、習いたての言葉は忘れやすいが、自分のよく知っていることばとして身につけやすい利点も備えている。

実践例三　「論理を使って分かりやすく表現する」[4]（﨑田朋子稿）

これまで「語」に着目して、実践事例をいくつか取り上げてきたが、最後に取り上げるこの実践は、「論理科」として学校全体で、言語論理教育を系統的に推進している実践の紹介である。

1　「論理科」実践例（第一学年）

①　単元名「みて　さわって　くらべっこ」

②　単元の目標

○二つの対象物を比べて共通点や相違点を言葉で表現できるようにさせる。（比較する力）

③　指導計画

【第一時】対象物の状態や特徴を言葉で表す。

【第二時】二つの対象物を比べて相違点を考える。

【第三時】二つの対象物を比べて共通点を考える。

【第四時】二つの対象物を比べて共通点と相違点を考える。

④　授業の工夫点

ア　発表の話型を指導し、共通する観点で二つの物を比較できるようにさせる。

イ　比較する言葉をカードにし、比較するときの参考にさせる。

ウ　ワークシートに観点を記入し、意識させる。（中略）

⑤　成果　初めに相違点、次に共通点、最後に共通点と相違点を見つける単元構成により、児童は、同じ観点で比較し、言葉で表現することが容易にできた。日常生活では共通点と相違点を同時に見つける場面が多いので、学んだことを日常生活へ活かしていきやすい。

実践の特徴として以下の点が上げられる。

①比べてちがいを出させる活動がなされている。②理由をつけて発表させる指導がなされている。③結論を先に言い、理由をその後に話す指導が行われている。④低学年では「比較・分類・分析・評価」の四要素に重点が置かれている。⑤論理語彙を日常的に活用し、繰り返し指導している。

明確な指導の観点のもと、無理なく学習が進められている。言語論理教育を行うにあたり、単元の全体像が見えやすく、これからの実践のヒントとなる実践例である。

おわりに

ここで取り上げた実践例は、いずれも教科書での学習と離れたところで行うものではない。「読むこと」の授業を進めながら、また、「書くこと」の授業を進めながらできる学習を中心に取り上げている。小学生の時に「語」を緻密に扱う姿勢を身につけておきたい。その気持ちは指導者のだれもがもっているものであるが、教師側からの押しつけになってしまいやすく、定着するまで粘れないことが多い。言語論理教育を難しいところから始めず、まずは、こんなところから始めてみてはどうだろうか。

注

（1）『思考力育成への方略―メタ認知・自己学習・言語論理―〈増補新版〉』井上尚美著、二〇〇七年、明治図書出版株式会社

（2）『子どもの「学び方」を鍛える』佐藤康子・大内善一著、二〇〇九年五月、明治図書出版株式会社

（3）『気軽に楽しく短い時間で力の付くことばの学習五十のアイディア』教育文化研究会編、二〇〇〇年八月、株式会社三省堂

（4）「論理を使って分かりやすく表現する」（『教育科学　国語教育』二〇〇九年四月号　No.七〇六　明治図書）

調査・研究編

3 論理的思考力を育てる文学的文章の学習指導

大江実代子

文学的文章の学習の特徴は、虚構の世界でしか成立しないような出来事を現実世界の人間が擬似的に体験することにある。そこに登場する人物同士の関係やストーリーを捉えることは、現実世界には起こらないような時間や空間での出来事を、現実世界の論理で解釈することといってよい。そのような文学的文章の読解には、想像力や感性に基づく指導が当然のように行われてきた国語教育の大きな流れが見られる一方、文学的文章をも論理的に考えて読むことで論理的思考力を向上させようという立場もある。ただ、論理的思考力が抽象的な能力であることを考えれば、当然のことながら、論理的思考力そのものを直接の指導対象にすることは出来ない。そこで、文学的文章を教材とする論理的思考力育成という大きな目標を視野に入れつつ、文学的文章の学習における読むことと話すこと・聞くことを関連させる形で育成する論理的思考力の実践的な指導法を構築するため、次の三つの課題を設定した。

第一の課題は、文学的文章の学習に培う論理的思考力を具体的に明らかにすることである。文学的文章を教材とする学習過程において培われる論理的思考力とはどういう力を指すのか、歴史的な背景を明らかにするとともに具体的な指導実践例を通して考察する。第二には、実際の授業から文学的文章の学習における論理的思考力の育成の可能性を探ることである。稿者自身の実践を考察対象とし、論理的思考力の観点から授業分析を行う。その結果を考察することで、今後の可能性とともに課題を探る。第三の課題としては、文学的文章の学習において論理的思考力の育成を目標に据えた授業を構想するための道筋を明らかにすることである。

本章では、第二の課題に焦点を絞り、児童の発話の中の論理関係をできるだけ網羅的かつ明示的に可視化し、そこから論理的思考の実態と指導上のポイントを明らかにする授業分析の方法を提案するとともに、実際の分析結果を提示することを目的とする。

1　授業分析の方法

実践した授業を客観的に記録するため、授業における児童の発話を分析する「観点」を設定した。その設定にあたっては、先行研究を検討しつつ、井上（二〇〇五）[1]「読みの授業における発問」と井上（二〇〇七）[2]の「言語論理教育の具体的な指導内容」から、次の五項目を抽出して援用した。

五つの項目	具体的な観点と記録上の記号
①発話全体（主として働く思考の分析）	「直感的」「イメージ的」「概念的」に分類し、「概念的」を「分析」「総合」「抽象」「比較」「関係づけ」に下位分類。
②語（論理関係を示す語の使用の分析）	理由（なぜなら・つまり・というのは）但し書き・制限（ただし・～でない限り…）

	帰結（だから・したがって…）　反論の先どり（なるほど〜ではあるが、 しかし、たしかに〜もあり得る） 反対（しかし・けれども…） 転換（さて・ところで…）　確実度（たぶん・きっと・必ず…） 限定（ばかり・だけ・しか・〜に限る）　条件仮定（もし〜ならば・〜すれば〜…） 選択（それとも・または…）　添加（そのうえ・また…）
③文 （主張内容が表現される文の分析）	Ⅰ　報告（観察した事実）Ⅱ　推論　Ⅲ　断定（主観的な判断や評価を含む）
④文章（話の筋道が正しいか）	演繹型・帰納型に分類し、さらにD（根拠）・W（理由）・C（主張）の存在を確認。
⑤指導者の発問・指示	T_1 指名・確認・説明・補足・整理　T_2 語句や事実についての知識 T_3 表現されている内容の解釈　T_4 推論・予測など「行間を読む」 T_5 評価・批判・鑑賞

2　授業分析の結果と考察

分析の対象とした授業は、文章をもとに児童が個々に想像した気持ちや様子を全体で伝え合う話し合い中心の学習展開になっている。授業の概要（学習指導案より一部抜粋）は次の通りである。

1　単元名　ブックワールド　2　～特集「ごんぎつね」～
2　日　時　二〇〇四年七月二一日（水）
3　授業者　明石市立大久保南小学校　大江実代子
4　目　標　・表現をもとにして、様子や気持ちを適切に想像しながら読むことができる。
・友だちが読みたくなるような工夫をして、作品紹介をすることができる。
・物語を読むおもしろさに気づき、進んで読書をしようとする。
5　単元の趣旨（一部抜粋）
・共通する物語を読み、友だちと意見を交流することで、個々に読むだけでは捉えられなかったことや、深まらなかったことに気づくことができる。自分の意見と他人との違いを実感することは、自分の考えを見つめ直すきっかけとなると考える。また、話し合いの最後にふり返りカードに作品の紹介文を書くことは、相手意識をもって書く活動とのつながりを生むためである。読むことの力を伝え合う力に関連させながら高めることをねらっている。
6　本時目標（第二次　八時間目）
①気持ちが通じていないと分かっていて、なお、栗を届けて撃たれるごんの哀れさと、そうとは知らずに撃ってしまった兵十の後悔を話し合うことができる。
②作品の紹介文に活用できるように、ふり返りカードに記録することができる。

本授業における発話数は、児童の発話数が延べ六十七回　指導者の発話数が延べ二十二回であった。全発話を対象に、前述の五項目について分析を行った。

（1）発話全体としての分析（数値は発話数を表す。以下同じ。）

直感的	イメージ的	概念的
2（3％）	8（12％）	57（85％）

⇩

分析	総合	抽象	比較	関係づけ
10（17・5％）	0（0％）	7（12％）	2（3.5％）	38（67％）

概念的思考が八十五％を占めることから、テクストを根拠に考えることがほぼ習慣となっていると判断できる。概念的思考の中でも関係づけ六十七％は、物語の内容及び本時までの話し合いの流れを捉え、事柄と事柄を関係づけていると思われる。分析・抽象の集計結果についてもほぼ同様に、物語の文脈を捉え関係づけた意見と受け取れる。また、概念的思考の中でも比較・総合が少ないのは、そういった思考操作を用いて文学的文章の課題解決にあたることに慣れていないためと考えられる。

（2）語レベルからみた発話の分析

全発話六十七回中、論理関係を示す語を使用している発話は、四十六回（使用していない発話二十一回）であった。内訳は左記の通り。

理由	帰結	反対	転換	限定	添加	選択	但書・制限	反論の先どり	確実	条件仮定
15	10	19	0	1	1	0	2	1	1	6

ここで着目したのは論理関係を示す語（以下「論理語」と表記することとする。）であり、具体的に見ると、理由（なぜなら・つまり・というのは）や、帰結（だから・したがって…）を用いている発話には、物語の筋を押さえ、登場人物の気持ちに寄り添って考えを広げていたり、物語の展開を裏付けたりしている内容が観察される。また、確実度を示す（たぶん・きっと）等の論理語を使用することで学習者が推論を述べていることが明確になる。帰結、理由、添加等の論理語を用いることで、それまでの考えをまとめる操作を経て次の考えを導くことが意識化されると考えられる。同時に、聞き手は文脈を捉えやすくなると思われる。

（3）文レベルからみた発話の分析

推論	断定	報告
57（85％）	7（10％）	3（5％）

推論と判断した基準は、「〜思います」という文末表現である。が、中にはかなり自信を持ってD（根拠）を添

えたW（理由）を述べ推察している意見もある。断定に分類してもよいと考えられる意見もあり、分類の基準が課題と思われる。（D＝data　W＝warrant　C＝conclusion）

（4）文章レベルの分析

帰納型	45（67%）
演繹型	2（3%）
その他	20（30%）

↓（帰納型）

主張	0（0%）
理由	3（4.5%）
根拠・理由	1（1.5%）
理由・主張	17（25%）
根拠・理由・主張	24（36%）

↓（演繹型）

主張	0（0%）
理由	0（0%）
根拠・理由	0（0%）
理由・主張	2（3%）
根拠・理由・主張	3（0%）

ここでいう「文章」とは、二つ以上の文を含んだ発話であり、児童の発話そのものの中に論理関係が含有されている。分析中、最も多かった帰納型（DWC）の文は、情景や人物の会話等、物語上の事実を捉えそれを「根拠（D）」として「理由（W）」を考え、心情を想像していると判断できる。例えば、一つの事実を取り上げ、そこから推察できる事柄や気持ちを次の事実に関係づけることができていたり、テクストの表現に合わせて主語を入れ換えた「言い換え」ができたりしている。そういった発話は、説得力のある意見になっている。帰納型（WC）の文は、「理由」と「主張」を関係づけることはできているが、一つの事実だけを「理由（W）」にあげているため、説得力に欠ける。また、「根拠（D）」としてあげられた事実の真偽に疑問をもったり、それまでの話の流れとの違いに気づいたりしたことを質問することで、誤読に気づいたり共通理解を図ったりすることにつながる。

(5) 指導者の発問・指示

T₁	T₂	T₃	T₄	T₅
13	0	6	1	2

共通理解をさせることを意図した発話（T_1）が一番多いことからも、話し合いは児童中心に展開していると見られる。そこで、視点の違った意見が出た時は、話し合いが深まる機会と捉え、児童の発話直後に根拠を明らかにするなど、「根拠・理由・主張」で考えさせ、意見に説得力をもたせたり、他の学習者に言いたいことを推理させたりするような指示を出す必要がある。

ここでの分析については、発展的に詳細な分析を加えたものを大江実代子（二〇一二）にあげているので、適宜参照されたい(3)。

3 論理的思考力育成の可能性

ここでは、授業の発話分析と考察をもとに、文学的文章の学習指導における論理的思考力育成の枠組みとして、論理語、「根拠・理由・主張」の存在する文の二点に焦点をあてる。

(1) 論理語

次頁の表3―1は、分析に用いた論理語に用例を添えたものである。論理語には、学習者自身の論理的思考を促すだけでなく、それを筋道の通った表現へと導く働きがある。論理語には、接続語に分類される語句が多く含まれている。接続語（接続詞）は、文と文のつながり、まとまりをつくる道しるべ、シグナルの役割を果たすと言われている。(4) 接続語に限らず、文中の論理語を捉えながら文章を読み進めたり主人公の気持ちの変化について話し合ったりすることで、より確かで深い読解や話し合いがなされると考えられる。

表3―1【論理語と用例】

論理関係	論理語の例	用例
理由	なぜなら・ので・というのは	ごんは話の続きが聞きたかったので待っていました。
帰結	だから・結局・したがって	それで、兵十ははりきりあみを持ち出したんだ。
反対	しかし・けれども・ところが	ところが、わしがいたずらをしてうなぎをにがしてしまった。
転換	さて・ところで…	ところで、兵十は喜んでくれたかな。
限定	ばかり・だけ・〜しか・〜に限る	くりばかりでなく、松たけも二三本持っていきました。
添加	そのうえ・また	兵十はおっかあを亡くして、その上イワシ屋になぐられました。
選択	それとも・または	悪いのはごんだろうか、それともイワシ屋だろうか。
但し書き・制限	ただし・〜でない限り	ただし、見つからないようにそっと置かなくてはなりません。
反論の先取り	なるほど〜ではあるが・ではなぜ	そういう考えもあるけど、ではなぜ、………置いていたのですか？
確実度	たぶん・きっと・必ず・おそらく	きっと、兵十に気づいてほしいからだと思います。
条件仮定	もし〜なら・例えば〜ということは	もし本当だったら、神様にお礼を言うがいいよ。

表3―1に挙げた論理語は、先行研究から取り出したものであったが、実際の指導にあたる場合を想定し、より包括的な一覧として次頁の表3―2を作成した。表3―2は、小学生を対象にした文学的文章の学習において、授業であり得る論理的思考の具体を網羅的にリストしたものであり、稿者の試案である。論理的思考の具体1〜5は、

学習者の思考に必要であり、また、無理なく活用されるだろうと考えたものを中心とし、関連すると思われる思考の具体を並べて配置した。5の〔批判〕については、1～4の思考の段階を超えたやや高次と思われる思考の具体を包括している。

表3―2【文学的文章の学習における論理的思考力の具体一覧】

中心思考の具体		関連する思考の具体	
1	比較	対比・類比・類別・順序・相違性・同一性	○に対して△は、○と△を比べると
2	理由	原因・根拠・帰結	それは～による、～だから、
3	推理	類推・推論・推移・変化・変換・転換	おそらく～だろう
4	仮定・条件	制限・限定・前提・場合・確実度・選択・添加	仮に～なら、もし～なら、
5	批判	構想・展開・過程・発展・抽象・評価	～はちがうだろう

a．論理語の活用

今回の分析において、発話における論理語の発現数をみると、発現数の多い論理語は「反対・理由・帰結」で、逆に、発現数の少ない論理語は「条件・仮定・添加・確実度・限定・反論の先取り・選択」となっている。発現数が少ない論理語は、見聞する機会が少なく特定の場面や状況で用いられる語句といえる。そういった非日常的な論理語に慣れさせ積極的に活用させるには、授業中の取り立て指導に加え、短作文やスピーチ等で意図的・計画的に指導する必要がある。

b．論理語同士の関係

分析結果から、図1のような論理語同士の関係が結ばれることが分かった。図1をみると、単独で用いられるこ

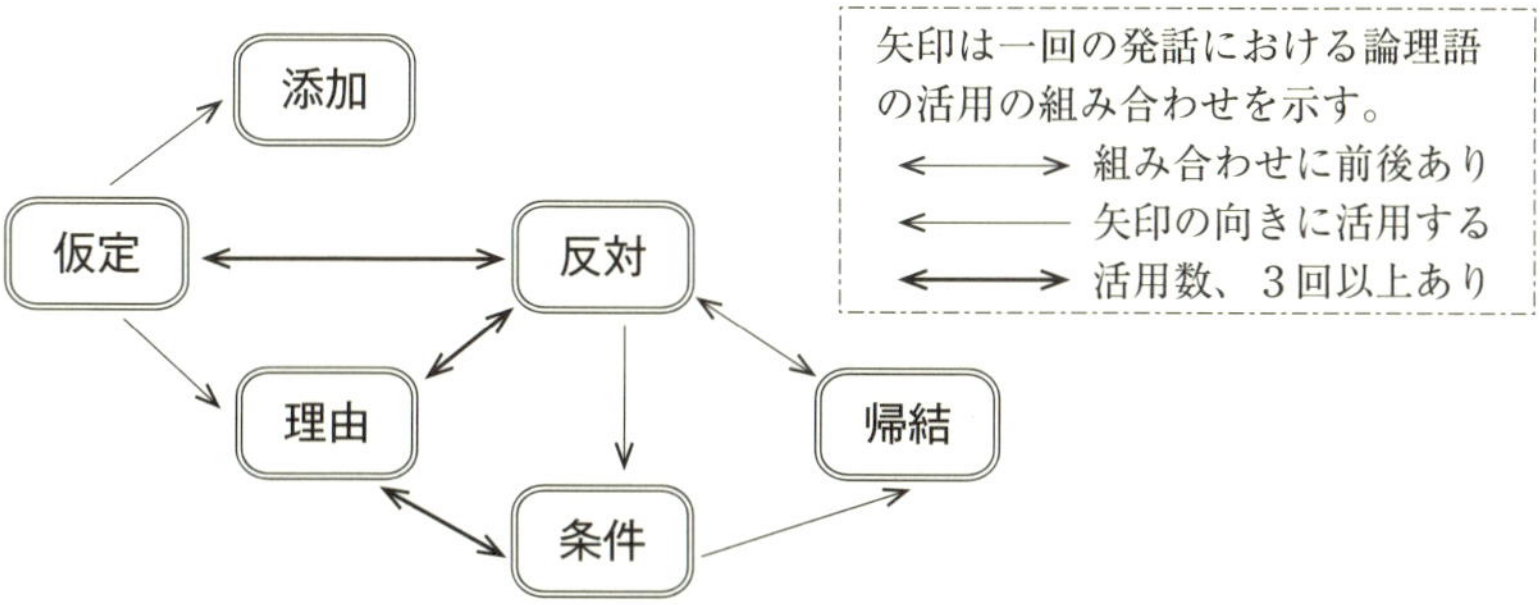

図1【論理語同士の関係】

との多い論理語「反対・理由」は、他の論理語との組み合わせでも用いられることが多い。一方、「帰結」は、さほど他の論理語と関係をもたないようにみえる。しかし、他の論理語と組み合わせた場合、後に来る「帰結」が省略されるという傾向がみられる。逆に、単独で用いられることが少ない「条件」は、他の論理語との組み合わせで用いられやすいという特徴がある。論理語を単独で活用させるとともに、発現数の多い「反対・理由・帰結」を示す論理語と他の論理語とを組み合わせた形で慣れさせていく方法も考えられる。

(2)「根拠・理由・主張」の存在する文

学習者が「根拠・理由・主張」から成立する文によって自分の読みをもつ過程において、論理語が働くのは、次頁図2に示す①～③の三カ所と考えられる。①は、「根拠(D)」となる語句や文を「理由(W)」につなぐ時、「反対」や「理由」が用いられることが多くなっている。②は、①の語句や文を言い換える部分にここでは、まず、「理由・帰結・反対」に慣れさせ、次に、これらを他の論理語と組み合わせで活用させるとよいのではないかと思われる。③は自分の読みを「主張(C)」へとつなぐ部分である。文の構成上、「帰結」や「理由」を用いる場合が多いことが確認された。一般的に、文学的文章の読解学習では、考えの「根拠(D)」になる語句や文を挙げさせることが多くある。しかし、それだけでは「主張(C)」にいたる「理由(W)」がなく、説得力に欠ける意見となる。そこで、ひとり読みの段階から「根拠・理由・主

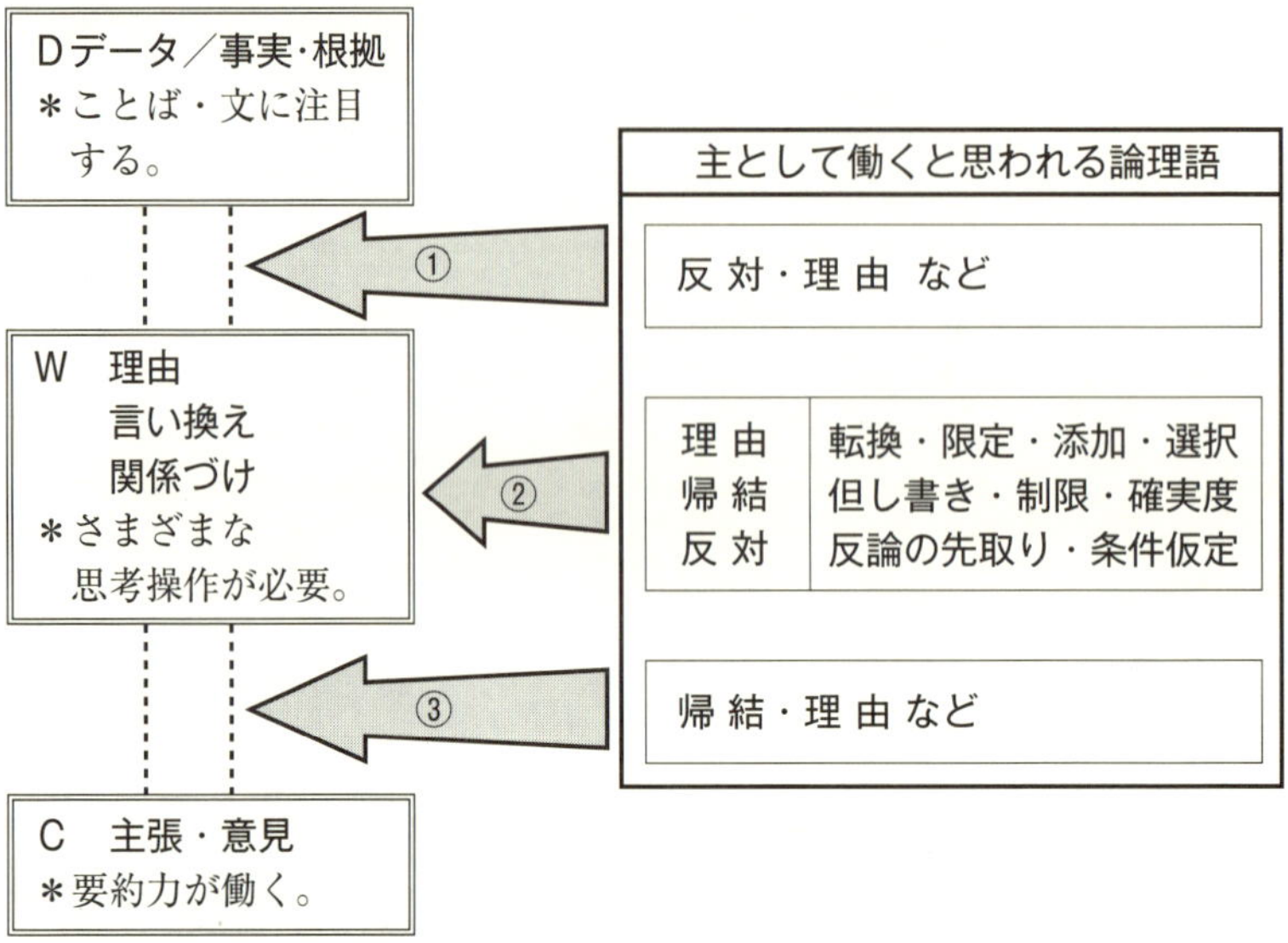

図２【DWCから成立する文と論理語の関係】

張」にこだわって自分の読みをもたせることが有効に働くと考えられる。「根拠・理由・主張」で成立する文で読み進めるには、「理由（W）」を考える上で多様な思考操作（例えば、対比か類別か、変化を読み取るのか、類推するのか等）の中から文章や課題に合う思考要素を選び出す力が必要になる。

次に、「言い換え」の方法を活用し、「根拠（D）」から「理由（W）」を考え、「主張（C）」につないだひとり読み例をあげる。

「月のいいばんでした。ごんはぶらぶら遊びに出かけました。」という本文（新美南吉「ごんぎつね」）をもとに、

「①月がいいというのは、満月に近い明るい月が出ていて暗い夜を照らしているということなので、②いつもだったら夜になると寝ているごんも、月夜の明るさに誘われたのだと分かります。③また、ぶらぶらと書いてあるから、はっきりとした目的もないということで、④何となく外に出てみたくなったのだと思います。」という読みをもったとする。これは、「言い換え」

の方法を活用し、根拠（D）から理由（W）を考え、主張（C）につないでいる。また、一つの事実の原因や理由を文章に求めている。つまり、根拠のない②の読みは恣意的な読みになっているが、②以外は、本文を根拠にした思考があり、筋道だった説得力のある意見と言える。物語の筋道を正しく捉えるには、直感やイメージ的な思考とともに、ことばに基づいた概念的思考を繰り返し体験させることが重要と思われる。

4　今後の課題

読むことと話すこと・聞くことを常に関連させるということの具体化の一側面が、論理的思考の育成や活用であると考えられる。そこで、今後の課題としては、年間計画における文学的文章の学習単元の配置や、学年の発達段階を考慮に入れた論理語の指導計画など、児童の実態に応じた指導が可能となるような計画を立てることにある。また、並行して、主教材となる作品を論理的思考力育成の観点から分析し、効果的な発問指示のあり方等、授業を構成する上での具体的な方策を明らかにしていくことが必要だと考えている。

引用・参考文献

（1）井上尚美（二〇〇五）『国語教師の力量を高める―発問・評価・文章分析の基礎―』明治図書、六二頁
（2）井上尚美（二〇〇七）『思考力育成への方略―メタ認知・自己学習・言語論理―〈増補新版〉』明治図書、五四頁
（3）大江実代子（二〇一二）「話し合い活動におけるメタ言語の相互作用的活用」『言語表現研究』第二八号、一二三―三五頁
（4）秋田喜代美（二〇〇七）『読む心・書く心　文章の心理学入門』北大路書房、三九頁

基礎理論編

基礎理論編

1

言語論理教育の目指すもの

井上　尚美

一　問題意識を持たせる

1．論理の基盤は日常生活にある

個人的な話で恐縮であるが、私の小学校時代（約七十年前）に、後の「日本作文の会」の会長にもなられた、今井誉次郎先生が転任して来られた。当時から「生活綴方」の活動家として知られていた先生が、あるとき、学校文集の「あとがき」に次のようなことを書いておられたのを、私は今でも鮮明に覚えている。それは、

ある学校で綴方（今の作文）の時間に、「題は自由です。何でも自由に書きなさい。」と指示された児童の一人が題に困って、苦しまぎれに「題がない」という題で作文を書いた。すると先生が「えらいぞ、えらいぞ。『題がない』という題でも、これだけ書けたではないか。」と、ほめて下さったという話があります。でも皆さん、もし皆さんが毎日パッチリ眼を見開いて生き生きと生活していれば、「そうだ、これを書いて

みよう」という事柄が二つや三つ必ず見つかるはずではありませんか。

という内容であった。小学生の私は、もちろん「生活綴方」のことや、それが当局によって弾圧されていたことなど知る由もなかったが、不思議にこの言葉は強く記憶に残っている。

今井先生は、いわゆる「生活文」を書くことを念頭に置いておられたのであろうが、論理的思考というものも、物事に接して感動し・驚き・疑問や腑に落ちない感じを持つというような、実感・心情を含めた生活全体を基盤として、その中から出てくるのである。

そのことに関連して、小山信行氏（埼玉、三郷市立桜小）は、文章を読むときにも、論理の基盤には感性があるとして、次のように述べている。

> 内容を知識や体験とつなげ、具体化し、疑問を持ったり、納得して頷いたりし、論展開をまとめ、筆者の論理や考えに対して読み手としての考えを持つ。そうした読みの過程を持つことが「分かった」という確かな読みを生みます。論理的思考は、こうした読みの中で育ちます。（傍線は小山氏による、「国語の授業」08・10 No.208、児童言語研究会、一光社　P4）

私たちが何かある文章を読むとき、ただボンヤリと惰性で読んでいたのでは、全体が一様に見えてしまい、引っかかるところもなく、漠然とした印象しか残らない。

反対に、心の中にアンテナを張りめぐらして（「勘」を鋭く働かさせて）、積極的に、イメージ豊かに反応しながら読めば、すなわち、「驚き、ときめき、喜び、怒り、感動、疑問、好奇心」を生き生きと感じながら読めば、その文章から多くのことを汲みとることができるのである。そして、それと同時に、「問題意識」が生じ、問題点や批判すべき点を見つけることもできるのである。

子どもは、元来「知りたがり屋」で好奇心が強いものである。しかし、最近の子どもは、情報が多すぎて物事に驚かなくなっている。また、「指示待ち」の受身の姿勢が目立ち、積極的な問題意識を持てないことが多い。そういう子どもに問題意識を持たせるには、どうしたらよいか。

2. 問題意識を持たせるには

思考は真空の中では行われない。具体的な問題に直面してそれを解決しようとしたときに、思考が働くのである。したがって、問題を見つけること、見つけようとすることが出発点になる。それには、問題意識を持って文章を読むことが求められる。ここでは、そのための三つの方策を述べてみよう。

a. レポートやディスカッションをさせる

これはよく行われている方法であるが、教材で述べられているテーマや問題点について、グループに分けたりして関連した情報を集めさせ、レポート（高学年なら意見文なども）を書かせる。また、それに基づいてディベートやディスカッションをさせる、という方法である。子どもが問題意識をあまり感じていないところに問題の芽を見つけ、それを子どもに意識させ、考えさせることが、まず第一に求められる。それを積み重ねていって、やがては子ども自身が問題を見つけ出せるようになることを目指すのである。

b. テスト問題を作らせる

たとえば、「先生になったつもりで、この文章からテスト問題を作成してごらん」と言って、教材の文章から考えられる限りのいろいろな問いを作らせる方法である。はじめは愚問も多く出るが、だんだんとコツを覚えて、文章のポイントをつかみ、書き手の考えの本質に迫る良い設問を子どもたち自身で作れるようになる。そうなれば、やがては教師の手を離れて、子ども自身が、読みながら自問自答して「自己学習」ができるようになる。

しかしながら、この方法では、その文章で書き手が述べようとしていることを把握するだけに止まり、書き手の考えそのものを批判するところまでは到達しないことが多い。

c．児童言語研究会（児言研）の「一読総合法」

児言研の「一読総合法」については、実践しておられる先生方も多いので、その解説は児言研の諸著作（たとえば『今から始める一読総合法』一光社　07年）に譲るが、その授業過程の大きな特徴として、「ひとり読み」とそれに続く「話し合い」という過程を、あらかじめ組み込んでいることが挙げられる。

「ひとり読み」では、子どもが、これまでの自分の全生活体験や既有の知識を総動員して、教科書（のコピー）に書き込みをしながら、主体的・内発的に読んでいく。いわば文章と自分との対決によって、「なぜ？」「ホントかな？」などと考え、書き手の述べていることはオカシイぞという勘が働き、問題点を暴き出すことができる。

さらに「ひとり読み」に続く「話し合い」によって、自分の考えの偏りや誤りが正されたり、同じ問題について異なる意見のあることがわかったりするのである。

結局のところ、子どもが、自分の生活経験（読書による間接経験も含めて）を豊かにし、文章を読むときにも主体的・内発的に読むことが、問題意識を持つことに連なり、それが論理的思考の基盤にもなるのである。

二　授業の言語空間

1．授業における言語コミュニケーション

授業では、教師と子どもとの話し言葉のやりとりによるコミュニケーションが、時間の大半を占める。したがって、そのとき交わされる言葉に注意し、自覚的になるということは、大変重要である。

最近では、授業中の子どもの発言については、かなり注意されるようになってきた。たとえば、授業参観に行くと、教室の前の壁に「『なぜなら～だからです』と、理由を言おう」というような貼り紙のしてある学校がよくある。また、平成二十三年度から使用される光村図書の国語教科書（1上）では、「わけをはなそう」として、「どうしてかというと」と、理由を言わせる教材が現われた。

教師と子どもとのやりとりの中で、とくに論理的にきっちり押さえるべきところでは、漫然とダラダラ発言させるのではなく、右のような一つの「型」にはめて発言させるのが、良い方法である。

以下、論理的にキチンとした議論が必要な場面における、発言の仕方を例示してみよう。それらの言葉を「意識して」使うことによって、教師も子どもも、きっちりした、中身の詰った発言ができ、引き締った授業展開が期待できるのである（これらの具体的な指導事項については、本書巻末の「言語論理教育指導の手引」を参照されたい）。

2．論理的な発言の型

次に示すのは、授業で論理操作が必要になる「場」と、そのときに必要とされる言葉についての例示である。こ

こに示したのは、あくまでも一例であるから、それを手がかりにして応用してほしい。教師の発言はカギ括弧で、また、ポイントとなる注意すべき点は〈　〉で示した（これらは国語以外の科目の授業にも応用できる）。

a．比較・類比・対比

○「AとBとを比べてみてください」「なぜ、そうなるのですか」

・AよりもBの方が○○（例、便利）だと思います。〈どういう点で？　だれにとって便利なのか？〉

・AとBとを比べてみると、Aは……、それに対してBは……です。〈比較だから片方だけではダメ〉

・AとBとが同じ（似ている）ところは……、一方、違うところは……です。

b．分類

○「次の絵に描かれた猫を、二つか三つのグループに分けましょう」（光村　3上）

・手に何かを持っている猫と、何も持っていない猫の二つに分けました。〈分類基準がポイント〉

c．定義・例示・反例

○「（テレビ局の）デスクとは、どういう人ですか」

・ニュース番組を作る報道スタッフのうち、ニュースの内容や伝え方を決める人のことです。〈定義される語の範囲が重要。円を描いてみるとよい。何がその円（範囲）の中に入り、何が入らないか〉

○「Aにはどんなものがありますか」

・たとえば、a_1やa_2などがあります。

○「海にいる生き物はすべて魚でしょうか。そうでない例（や証拠）はありませんか。」

・たとえばクジラは海にいますが、魚ではありません。〈「すべて……」という論は、一つでも反例があれば、その論は崩れるか、著しく説得力を弱める〉

d．理由・根拠

○「その理由はなんですか」「なぜ、そうなるのですか」

・なぜなら………だからです。〈それが本当の理由になっているか？　それが唯一の理由か？〉

e．仮定・条件・但し書き・予想される反論

○「もし○○したらどうなりますか。」

・もしも○○したら………。〈仮説を立てる。〉〈実際には起こっていないことが起こったらこうなると

・（もし）………ならば………と思います。いう予測。また、予防的な処置を考えたりする〉

○「Aはどういう場面に認められ（承認され）ますか。」〈条件〉

・これは………のときに認められます。ただし………のときには………です。

・私の調べた範囲（限り）では………です。ただし（もっとも）、………の可能性もあります。〈但し書き〉

○「その意見は絶対に正しいといえるかな？」

・たしかに（あるいは、なるほど、）次のような考えもあるかもしれません。しかし、それに対しては………

〈予想される反論への対策〉

f．言葉の落とし穴

○A君はいつも……だ。みんなそう言っているよ。〈本当にみんなか？　みんなってだれとだれか〉

○それについてはAかBしかない。〈二分法的な考え、他の選択肢はないのか？マスコミによくある発想〉

三　言語論理教育の目指すもの

1．論の妥当性（正しさ）・真偽・適否

いま、「戦争は人間性に反するから悪である」という主張があったとする。この論の正しさを考えるために、三段論法の形に直してみると、

（人間性に反するものは悪である）〈BはCである〉（隠された大前提）
戦争は人間性に反する〈AはBである〉（小前提）
だから、戦争は悪である〈だから、AはCである〉（結論）

となる（この中で、「人間性に反するもの」や、「戦争」は、それぞれ「すべて」という意味だと考える。実はそれが大切な条件である）。

このように、省略された大前提を補って三段論法の形にしてみると、下図の三つの円の間の「含み―含まれる関係」の正しさ（形式的妥当性）は明らかである。

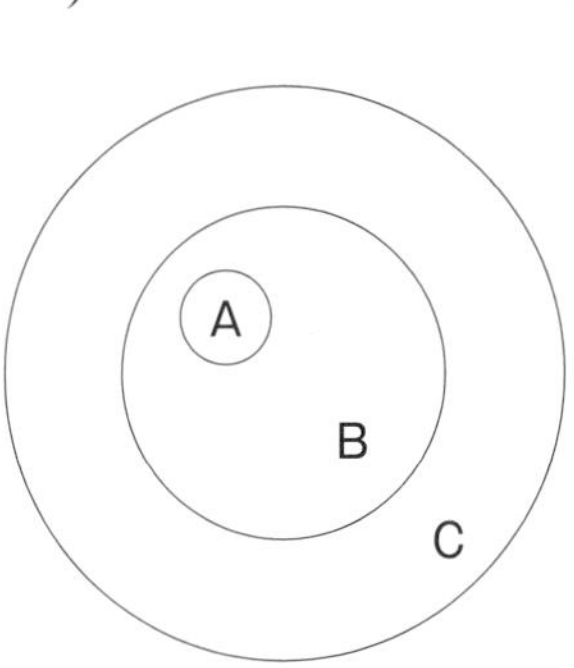

しかし、ここで重要なことは、形式論理の守備範囲はここまでであって、「戦争は本当に人間性に反するのか？」「そもそも人間性とは何か？」という意味内容については、形式論理はまったく関知しないということである。だからこそ、具体的な言葉の代わりに「AはBである」のように記号で表すことができるのである（現代の論理学は「記号論理学」とも呼ばれ、数学の一分野と考えられている）。

しかし、国語教育では、日常生活で普通に使っている言葉を対象にするわけであるから、文と文との結びつき方の妥当性を問題とする「形式論理」のほか、推論の対象となっている事柄の内容の真偽や、そこに表されていることがどの程度確かなのか（強い理由か弱い理由か、など）、さらには現実（日常の市民生活の中での）と照らし合わせて適当であるかどうかの適否（適切性）についての評価判定までも含めて、問題にすべきである。

そこで私は、それらすべてを含めて「言語論理」と名づけ、その教育が重要だと考えているのである（詳細は『今から始める言語論理教育』児童言語研究会編　一光社　08年　Ⅴ～Ⅶ章参照）。すなわち、言語論理教育とは、情報の妥当性・真偽・適否について、一定の基準に基づいて判断し評価できる能力を、子どもにつけさせようとすること（以前述べてきたことと順序を変えた。また、語句も一部修正した）である（具体的な指導事項については、本書巻末の「言語論理教育の手引」を参照されたい）。

ところが、情報の内容の真偽や、価値に関する事柄については、簡単に真偽・正否・適否を決定することはできない。自然科学や技術の問題（教科でいえば理科や算数・数学など）は形式論理で割り切れることが多いが、人間社会の中での様々な問題（例えば「戦争はすべて悪といえるか？　テロ集団に対する戦いはどうなのか？」とか、「ウソをつくのはいけないという。しかし『ウソも方便』とも言うではないか」などは、一義的にどちらとも決定できないことが多い。（最近でも、ニューヨークの9・11事件の跡地近くにイスラム教のモスクを建築することの是非が大きな問題になっている。宗教でさえも、場合によっては争いの種となるのである。）

このような、人間社会の問題についての真偽や適否は、普遍的な未限定の状態にある限りはだれしも同意できるが、いざ現実生活にそれを適用して価値判断を下そうとすると、それは「ある一つの」立場や観点からの見方になって、相対化してしまい、同意を得ることが困難になってしまうのである。その点をどう考えたらよいのか。

2. 言語論理教育の目指すもの

右に述べたような、人間社会の様々な問題に対して、言語論理教育では、次のようなステップで考えていくことを目標としている。(「弁証法」の「正・反・合」と同様の考え)

1. まず、自分自身の考えをはっきりと持つ
2. その考えを絶対化せず他の考え方や見方と比較し、吟味・批判を通じて自分の考えを客観化・相対化する
3. 以上を統合し、より包括的な・高度な考えを持つ

話しことば教育研究者の村松賢一氏は、かねてから「ディベカッション」というのを提唱している。これは、まず対立した意見を出し合い、ディベートの形式で渡り合うのであるが、その後のラウンドでは、両方の意見の「統合」(integration)を求めて互いに努力する、という発想から考えられた方式である(村松賢一『いま求められるコミュニケーション能力』一九九八　明治図書)。

経済界で一頃よく言われた「グローバル・スタンダード」が、実は「アメリカン・スタンダード」だったように、アメリカ式のディベートの考え方よりは、ディベカッションの方が生産的であり、日本人の心性にも合っている(少なくとも、小・中の学校教育の中ではディベカッションで指導し、その仕上げとして、ディベート甲子園のようなものをゲーム感覚でやるのがいいのではないか)。

言語論理教育の目指すものは、以上述べたように、物事をできるだけ深く・広く考えて、総合的に判断し・評価をする能力をつけるということにある。これは、別の言葉でいえば「子どもに哲学を教える」ということに他ならない。なぜなら、「まえがき」にも述べたように、「哲学とは、物事をできるだけ深く、かつ広く考えること」だからである。「道徳」の時間の特設については賛否いろいろな意見があるが、単に「徳目」や「教訓」を教えるので

はなく、「正義とは何か」「愛国心とはどういうことか」などについて、子どもがどう考えているかを、様々な資料で調べさせ、討議させるという「哲学・倫理学入門」の時間としてとらえ直すならば、この時間は有効であろう。若者は、場の空気の読めない人を、K・Yといってバカにする。しかし、「風」は読めても、「情況の論理的・分析的把握」のできない、〝R・Y〟が多い。言語論理教育は、そういうR・Yを無くそうと主張しているのである。

2 「批評文」の指導で説得力を育む

大内 善一

1 説得の文章表現技術

筆者はかつて国語科作文領域の「教科内容」としての「作文技術」（＝文章技術）について提案したことがある。学習者が実際にまねすることのできるレベルでの作文技術の解明を意図したのである。学習者がひとまとまりの作文学習で何を学んだのかが明確に自覚できるようにしてやるための手立てを講じるための試みであった。

この時に提案した作文技術は、①「発想」の技術、②「実証」の技術、③「論証」の技術についてであった。併せて、これらの作文技術を指導するための教材開発の手順と方法についても具体的に論述した。詳しくは、拙著『思考を鍛える作文授業づくり』（一九九四年六月、明治図書）、拙稿「論理的な文章の書き方を指導するための作文教材の開発」（井上尚美他編『言語論理教育の探究』二〇〇〇年三月、東京書籍）を参照せられたい。

ところで、筆者は右の『思考を鍛える作文授業づくり』の中で、「論証」技術の教材を開発する着眼点を提起する際に次のように述べている。[1]

なお、「論証」と同様に知的・論理的な活動を含むが、これとは意識的に区別しておきたいものに「説得」がある。実は、「論証」も相手を知的・論理的に納得させるという点では、「説得」の中に含まれる。しかし、「説得」は、相手を知的・論理的に納得させるだけにとどまらず、一定の行動をも起こさせることを目的としている。「説得」は、「相手の感情、意志、下意識に訴えて一定の行動をとらせる」（澤田昭夫『論文のレトリック』六十八頁）という目的をもっている。「説得」は、「論証」とは異なって、心理的な要因を含むのである。「論証」が「発想」や「実証」を含む関係にあるのと同じように、「説得」の場合も、「発想」も「実証」も「論証」も含むという関係にある。つまり、「説得」の技術は、各種の技術を含んだより広がりをもった技術である。

そこで、ここでは、「説得」の技術については強いて取り上げないことにする。

この中では、「説得」が、「発想」「実証」「論証」などの技術を含み、なおかつ相手を知的・論理的に納得させるだけでなく、心理的にも納得させるという、より広がりをもった技術であると捉えている。右の拙著の中では、知的・論理的な「説得」として「実証」と「論証」の技術に限定して提案を行ったのである。そこで、本小論では、知的・論理的な側面と同時に心理的な側面をも含んだ「説得」の文章表現技術の指導を通して論理的思考を鍛えていく作文授業実践の在り方について提案してみようと思う。

2　説得を目指す文章表現の典型

考え方の異なる相手に対して、自分の考え方を十分に納得させた上で、自分の意図する方向に行動を起こさせる行為を「説得」という。

文章にも、はじめからこの「説得」を目的として書かれるものがある。宣伝・広告（＝コピー）の文章がその典型である。新聞の論説や投稿欄、書評欄などにも明らかに説得を目的とした文章が多く見られる。

説得には、大きく分けて「理性に訴える説得」と「感情に訴える心理的説得」[2]（井上尚美著『レトリックを作文指導に活かす』一九九三年、明治図書）があるとされている。勿論、この両面を含んだ説得が存在することは言うまでもない。人は理屈では理解していても、いざ事を起こすとなれば理屈通りというわけにはいかないことが多い。相手を何らかの行動にまで向かわせる説得の文章には、知的・論理的な側面と同時に心理的な側面をも含みこんだ文章技術が求められることになろう。

筆者は先に掲げた『思考を鍛える作文授業づくり』の中で、説得の文章を作文指導において書かせることの意義を次のように述べた。[3]

> ◎ こちらの考え方を相手に知的・論理的に認めさせるために、より確かな思考が要求される。自分の意見・主張を確かな根拠に基づいて論じる技術が要求される。
> ◎ 相手の感情に訴えて共感を得るために相手の心を推し量った言葉遣いが求められる。一語一句の末にまで心を砕かなければならないために、いっそうの思考の集中が要求される。（二六二頁）

説得の文章を書くためには、情理を尽くした文章技術が要求されるのである。心を砕いた筋道立った言葉を用いることで、思考を鍛えることに通じているのである。

説得の文章を書く際には、知的・論理的な側面ばかりでなく、心理的な側面についても考慮せざるを得ないところから、両者の特性を活かした文章表現技術を意識することによって、論理的思考をも鍛えることを可能とするのではないかと考えられる。

さて、説得を目指した文章表現の典型として、冒頭に、宣伝・広告文（＝コピー）を取り上げた。新聞の論説、投稿欄や書評欄の中にも、説得の機能を内在させた文章が存在する。評論文（＝批評文）などは、投書の文章や書評の文章などと併せて、説得の機能を強く内在させた文章と見なすことができよう。

とりわけ、書評の文章は取り上げられている書物を手に取って読んでみようとする気持ちを起こさせる点で説得の文章としての機能を内在させていると言える。また、批評文も芸術作品に対する共感や共鳴を促すことに一役買っていくところから、説得の文章としての性格が強いと見なすことができよう。

ところで、宣伝・広告文（＝コピー）の作文指導については、かつて、二冊の拙編著『コピー作文がおもしろい』（一九九七年七月、学事出版）、『コピー作文の授業づくり』（『実践国語研究』別冊、一八〇号、一九九八年一月、明治図書）において詳しい提案を行っている。

そこで、本小論では、紙幅の関係もあるので、説得の機能を内在させている批評文を書くことの指導を取り上げて、論理的思考を鍛える指導の一助としたい。

3　「批評文」を書くことで説得力を育む

今回の改訂学習指導要領では、中三「書くこと」と「読むこと」の言語活動例として、「関心のある事柄について批評する文章を書くこと」「物語や小説を読んで批評すること」という事項が示された。なお、「関心のある事柄」ということは、読み物ばかりでなく、音楽や絵画、映画・テレビドラマ、広く社会文化一般における事物・事象を批評の対象として想定しているということになろう。前回の学習指導要領には示されていなかった事項である。

ところで、「批評」という行為は何をどうすることなのか。その内実は容易に捉えにくい面がある。例えば、小学校から使用されている「感想」とか「鑑賞」という概念とどこがどう異なるのか。因みに、中一の「書くこと」の領域の言語活動例として「関心のある芸術的な作品などについて、鑑賞したことを文章に書くこと」という事項も示されている。そこで、実践上の問題として「鑑賞文」と「批評文」とはどう違うのかという課題が出て来るはずである。

そこで、筆者はすでにこれらの「鑑賞文」や「批評文」を書くことの指導にどう対応していけばよいかという課題について検討を行い、次の論考にまとめている。

①「批評文を書くことの指導にどう対応するか」（茨城国語教育学会編『茨城の国語教育』第十一号、二〇一〇年二月）。

②「鑑賞文を書くことの指導にどう対応するか」（教育実践学会編『教育実践学研究』第十五号、二〇一一年三月）。

ここでは、①の論考に拠りつつ、改めて、説得力を育む「批評文」の指導の在り方を提案してみようと思う。

まず、「批評」という用語に内在する〈説得性〉という機能をこの用語に関する諸家の考え方から探ってみよう。

西尾実は、「批評」の意義に関して「読みからくる直観の発展としての解釈を完成し、対象を自我の表現としてみることの出来るまでに至った立場において成立する価値判断である」[4]（西尾著『国語国文の教育』一九二九年十一月、古今書院、八五頁）と捉えている。読みの段階としてはかなり高度な位置にあるものと規定している。しかし一方で西尾は、児童の中にも「批評」の芽のようなものが芽生えていて、そのような芽を護り育てていくことが大切であるとも述べている。

三木清は、「書かれた批評は独語的になり易」いので、それは話されることの中で自然なものと感じられ、それ故に「批評」は「会話のうちに生きるものである」と言明している。三木は「対話の形式」で書かれたプラトンの『パイドロス』をもって「批評の傑作」と見なして、「批評の精神」は「会話の精神」（三木稿「批評の生理と病理」『三木清全集』第十二巻、一九六七年九月、岩波書店）であると断言したのである。[5] 三木の考え方に見られる、「批評」という行為が本来会話のうちに生きるものという考え方は、小学校からの話し合い学習の意義を「批評」という方面から改めて見直していくことを、私たちに勧めているとも受け止められる。

かつて「分析批評」の理論を高等学校の現場に導入して実践を行ったことのある井関義久は、「批評」の前提に「感動」というものがあり、その「感動のみなもと」を客観的な分析を通して「発見」することが「批評」であり、それは「新しい世界の創造」（井関著『批評の文法〈改訂版〉』一九六六年八月、明治図書、十三頁）でもあると捉えている。[6] また井関は、その著『分析批評と表現教育』（一九九〇年三月、明治図書）の中でも、「批評」とは「『何らかの形で自分の生き方にかかわる』ような作品と出会ったときに、その作品について他者に十分納得がいくように説明する表現活動」（十二〜十三頁）であると規定している。[7]

ここで、井関が「批評」という行為に「感動のみなもとの発見」を「他者に十分納得がいくように説明する表現活動」という意味を見出しているところに注目しておきたい。「批評」という行為には他者に納得してもらえるように働きかけるという〈説得性〉が内在しているということである。

「批評」という行為ないしは機能に関する右のような考え方を踏まえて、改めてこの用語に関する定義を行っておくことにする。

> 批評とは、何らかの感動（共感・共鳴を含む）や発見をもたらしてくれた対象に出会ったときに、その因ってきたる根拠を明らかにし理由付けを行って、第三者に十分に納得してもらえるようにするための表現活動で

ある。

ここでは、「批評」という用語に含まれる「批」と「評」という語から連想される「批判」と「評価」という機能を含むものとする前提を敢えて避けて、むしろその対象を取りあげるに至った「感動」や「共感・共鳴」、「発見」といった要素を強く打ち出してみた。「批評」という行為には、まずその対象から受けた何らかの強い「感動」や「発見」があり、それを客観的な分析に基づいて第三者に納得してもらえるような根拠や理由付けを行うという表現活動という側面を強調してみた。要するに、「批評」という行為に内在する〈説得性〉という機能を強く取り出したかったのである。そして、「評価」や批判、ないしは「価値判断」という側面は、右のような行為の中に必然的に付随してくるものであり、「批評」という行為の前提条件とはしなくてもよいという立場を取ったのである。

さて、「批評」という行為が対象から受けた何らかの強い「感動」や「発見」を客観的な分析に基づいて、第三者に納得してもらえるような根拠や理由付けを行うということは、そこに必然的に「実証」の技術や「論証」の技術が駆使されるということである。また、「第三者に十分に納得」してもらうためには、単に「実証」と「論証」の技術を駆使して相手を知的・論理的に認めさせていこうとするだけでなく、相手の感情にも訴えて一語一句の末にも心を砕いていこうとする表現活動が必要となる。そして、これら両面を含んだ「説得」という表現活動が論理的思考と密接に関わってくるはずである。

4 説得力を育むための「批評文」指導への一視点
―〈発想・着想〉という観点への着眼―

ここでは、批評し批評の文章を書くことそのものの指導のプロセスを全て述べる余裕はない。そこで、以下にその指導への一視点を〈発想・着想〉という観点から提案してみようと思う。

発想・着想＝書き手の内部に胚胎した制作の動機・目的。さまざまな事物・事象（＝もの・こと）の中から価値ある題材を発見する心的な過程。また、この題材を効果的に展開していくための素材（＝事実や意見・感想）の取り上げ方・焦点のあて方、さらに、読み手を説得するための記述・叙述上の力点の置き方、表現面への方向づけなど。

一　文章制作の動機・意図
二　題材・素材の選び方、とらえ方
三　構成意識
四　表現態度

（一七〇〜一八六頁）

右に掲げた「発想・着想」という観点とその定義づけは、今から二十年ほど前に出版した拙著『国語科教材分析の観点と方法』という本の中で提案したものである。[8]修辞学の第一部門にある「インベンション（＝発想）」を手掛かりにして、筆者なりの定義付けを行ったものである。

「発想・着想」とは、当該文章制作者の内部に生まれた制作への動機・目的、制作者を取り巻いている様々なもののごとから制作者にとって価値があると思われた題材を見つけ出していくプロセス、そして、その題材を効果的に展開していくための素材の取り上げ方や焦点のあて方、さらには、読み手を説得するための記述・叙述面での力点の置き方等、表現活動全般にわたる、その制作者に特有の独創的な部分のことを意味している。

では以下に、この〈発想・着想〉という一観点から「批評」への糸口を取り出すための実演を行ってみることにする。

ここに取り上げる対象は、彫刻家の舟越保武による「モナリザの眼」(『'85年版ベスト・エッセイ集　人の匂い』一九八五年八月、文藝春秋、二一一〜二一四頁)というエッセイである。(9) レオナルド・ダビンチの「モナリザ」の絵に描かれている「モナリザ」という女性の「眼の秘密」を発見した時のことを述べた文章である。その秘密とは「モナリザの眼」が「妊婦の眼」ではないかという舟越独自の発見のことである。

その発見のきっかけは、「電車の中で、前の席に坐っていた婦人の眼を見た時」であった。「その婦人は、眼をこっちに向けている」が、「外を見ていない」で、「その視線は、彼女自身の内に向けられている」というのである。「その婦人は、自分の身体の中を見ている」「胎内を見ているのだ」「胎内にうごめく胎児を見まもる眼であった」という発見である。舟越によるその発見の根拠は、その婦人の「色白で、透けるような肌」「やや薄い色の瞳」であったという。

そして、舟越は「この婦人の眼」に「モナリザの眼の秘密」を発見したのである。

この文章の「発想・着想」、すなわちこの文章を書いた舟越保武という作者の制作の動機・意図は、「モナリザの眼」が「妊婦の眼」だという発見を読者に伝えたいというところにあった。レオナルド・ダビンチの「モナリザ」については、その微笑みを「謎の微笑」と言ったり、この女性を娼婦と見なすといったように、様々な説がある。それらの説のいずれにも与しない作者独自の発見が、作者をしてこの文章を書かせた強い動機と言ってよいだろう。

その「モナリザの眼」が「妊婦の眼」だという発見のきっかけが「電車の中で、前の席に坐っていた婦人の眼」にあったということ、そして、「その視線」が「自分の身体の中を見ている」「胎内を見ている」「胎内にうごめく胎児を見まもる眼であった」という畳みかけるような理由付けが、この「モナリザ妊婦説」を説得力のある説にしている。

さらに、「色白で、透けるような肌で、やや薄い色の瞳」などを取り上げている部分の作者の観察力、「私は妙に確信を覚えた」「私の確信は的中していた」「まさしく、同じ眼のありようなのだ」「胎内に向けられているので、そのように思われるだけなのだ」「心が外に向いている眼と、内側に向けられている眼では、明らかに対照的なのだ」といった強い断定的な文末表現。

また、「私はじろじろとその婦人を見たのではない」「無礼にはならない」「キラッと光って物言う眼ではない」「試作する眼でもない」「悲しみでもなく喜びでもない」「この眼は、妊娠している人のほかにはあり得ない」「私は詳しくは知らない」「まさに妊婦の眼にちがいない」「衣装のふくらみについての蛇足の説明など要らない」といった否定的な言い回しの文末表現。

これらの断定的な文末表現と否定的な言い回しの文末表現は、明らかに「感情に訴える心理的説得」の効果を狙った表現である。

このように強い断定的口調と否定的な言い回しを畳みかけた後に、「私はレオナルドの絵画について、特に詳しく研究したわけではないが、モナリザの絵の眼にこだわっていたので、何かを探し出そうとの私の慾ばりがあった。それでこのような不遜な見方が生まれたのかもしれない」と、一転して控え目な物言いで締め括っているところが、逆に、ひょっとしてこの作者の言う通りなのかもしれないと、思わず読者の心を引き込んでしまうような結びとなっているのである。この結びの一文も明らかに説得的効果を狙った表現となっていることは言うまでもないだろう。

ここに取り上げた舟越保武の「モナリザの眼」というエッセイ自体が、レオナルド・ダビンチが描いたモナリザという女性の「眼の秘密」にまつわる舟越独自の発見を第三者にも納得してもらえるような根拠と理由付け、そして心理面からの説得的効果を狙っている点で、優れた説得的機能を有した批評文と見なすことができよう。

そして、筆者自身もここで舟越の「モナリザの眼」という批評文を取り上げて、実証的・論理的な面と心理的な面との両面からこの文章の批評文たる所以に関して批評してみたということになる。

筆者自身による以上のような批評活動・批評文制作のための試みからも、説得的機能を有した批評文を書くことが論理的思考を育むことに通じていることを理解して頂けるのではないかと考えている。

注

（1）拙著『思考を鍛える作文授業づくり』一九九四年六月、明治図書、三十四頁。
（2）井上尚美著『レトリックを作文指導に活かす』一九九三年、明治図書、六十一頁。
（3）前掲書、注（1）、一二六二頁。
（4）西尾実著『国語国文の教育』一九二九年十一月、古今書院、八十五頁。
（5）三木清稿「批評の生理と病理」（『改造』一九三二年十二月号、『三木清全集』第十二巻、岩波書店、八十九～一〇二頁）。
（6）井関義久著『批評の文法〈改訂版〉』一九六六年八月、明治図書、十三頁。
（7）井関義久著『分析批評と表現教育』一九九〇年三月、明治図書、十二～十三頁。
（8）拙著『国語科教材分析の観点と方法』一九九〇年二月、明治図書、一七〇～一八六頁。
（9）舟越保武稿「モナリザの眼」（日本エッセイスト・クラブ編『'85年版ベスト・エッセイ集　人の匂い』一九八五年八月、文藝春秋、二一一～二一四頁）。

基礎理論編

3 「見える化」を主軸とした「話すこと・聞くこと」の授業改善

中村 敦雄

1 「話すこと・聞くこと」の大事さ

人間は周囲との関わりのなかで、ことばを獲得し、ひいては自分自身を形成していく。つまり、コミュニケーションのなかで社会的な成長を遂げていくのである。目の前にいる人と、さまざまな手段によって意思疎通をはかることは、文字を発明する以前の大昔から行ってきた大事な活動である。相手との直接的なコミュニケーションは、メッセージとして伝えたい内容とともに、声の調子や顔の表情、身振り手振りなどをともなって行われるため、知的に、情的に人と人とを結びつける。ひとりでは解決困難な問題であっても、言葉を介して互いに知恵を出し合うことで、着実に実現に近づくことが可能になる。これはまさしく文明を進歩させてきた原動力である。

周知のように、コミュニケーションのあり方は、科学技術の革新に伴って変化してきた。とりわけ現在では、ケータイ（携帯電話）やインターネットのようなバーチャルなコミュニケーションが子どもたちにも滲透している。それだけに、基礎としての、顔と顔とを見合ったコミュニケーションにはいっそうの意義が認められる。こうした点が不足していると、他者への配慮のない脆弱な自我意識だけが肥大化しかねないおそれがあるからである。

2 「話すこと・聞くこと」の進展

「話すこと・聞くこと」の大事さは誰しも納得するところであろうが、この領域が国語科の教科内容として多くの学校で実践されるようになったのは、さほど昔のことではない。二〇年ほど前を振り返ってみよう。わたしが新任教師だった一九九〇（平成二）年前後、大方の学校で「話すこと・聞くこと」は、なじみの薄い領域であった。熱心な研究者や実践家が重要性を訴えていたものの、反応は芳しいものばかりではなかった。当時、「なぜ、何のために、実践するのですか」といった質問を耳にする機会も少なくなかった。どちらかといえば、この質問は比較的肯定的なもので、むしろ、「これが本当に国語？」という驚きや疑いの方が根強かった。国語科とは主に教科書の文学教材や説明的文章教材を分析して精読して主題や要旨をまとめる教科だと受けとめられてきたからである。

だが一方で、当時の実態として、以前よりも子どもたちの声がかぼそく相手に届かなくなってきた、総じてコミュニケーション能力が低下してきた、といった危機感が指摘されるようになっていた。国語科として対応するすべがあるはずだといった思いが共有され、ひいては多くの教師に、これまでのあたりまえを繰り返すだけで良いのか、と問い直すきっかけをもたらした。教師は自分を縛っていた固定観念に気づき、自身は「話すこと・聞くこと」の授業を受けたことはないが、新たに挑戦しようと立ち上がった。国語科はまさしく変革の時期を迎えたのだ。

こうした過渡的な状況であったのだが、平成一〇年版学習指導要領が新たに「伝え合う力」というキーワードを掲げたことも追い風となって、事態は徐々に好転してきた。たとえば、かつての教科書の「話すこと・聞くこと」教材は狭いスペースに「〇〇について話し合おう」と素っ気なく書かれていただけであった。現在では、何をどうするのか、手順を明示した教材が充実している。「これが本当に国語?」という反応に出会うこともなくなった。「話すこと・聞くこと」の授業が国語教室に広く浸透してきた事実は、国語科にとってのぞましい進展である。

3 「話すこと・聞くこと」の課題

本書の執筆にあたった教師たちやわたしは、こうした進展を喜ぶとともに、次なる課題も意識している。それは学習としての質の向上をどうやって進めるかという課題である。たとえば、授業を参観していると、学習者たちは教材に示された手順に従って発言したり、質問したりしている。「……と思いますが、どうですか」といった「話形」は活用できているものの、注意深く聞いてみると、残念ながら肝心の話は噛み合っていない。話題の表面をなでているだけでいっこうに深まらない。教室内が賑やかなので、学習がうまく進んでいるように感じられるが、目ざしている知識や能力がついているのか心許ない。前節で述べたように、実践が本格的に着手されて時間がさほどたっておらず、有効な方法知の蓄積もこれからの状態のため、同様の問題で悩む向きは少なくないと思われる。

右の事例では、与えられたことばをそのまま再生していて、母語であるにもかかわらず、英会話のようなコミュニケーションに止まっている。弁論大会等であらかじめ原稿を書き、そっくり暗記したスピーチでも似た現象が起こりやすい。再生や暗記といった構えでことばに関わると、ことばに「いのち」が宿らず、「生きたことば」へと深まらないからである。

一方、おしゃべり等の場面で、勢いよくことばがほとばしってはいるものの、ただ気の向くままの話が転がっているだけで、「生きたことば」とはなっていない実態も見受けられる。言語論理教育の観点からいえば、いずれも、自分が口に／耳にしている話は、どういう経験と結びつけられるのか、どう価値づけられるのか、話が聞き手に確実に受けとめられているのか、といった思考を十分に働かせていないことによる浅さとして解釈できる。学習者の思考が深く働いたとき、そのとき「生きたことば」が力強く立ちあらわれるのだ。

他にも、「聞くこと」に関して、態度面の指導は徹底させたものの、肝心の学習者が話を的確に聞けていないといった悩み、話合いが迷走し、口喧嘩になってしまうといった悩みなど、さまざまに挙げられよう。

ただし、こうした悩みはいずれも解決可能である。これから実践に根ざした理論的な手がかりを述べたい。

4 「話すこと・聞くこと」における言語論理教育

「伝え合う力」に象徴される、コミュニケーションに関わる教科内容を国語科として扱う場合、ともすれば、その場で発せられることば、すなわち、外言の活動に注目した実践に陥りがちである。国語科のなかでも先例の少ない領域であるだけに、新しい部分に眼が向きやすいからである。ここで注意すべきは、思考力の育成とつねに関連づけて扱う必要性である。外言に対置していえば、思考とともに働いている内言にも注意するのである。ただし一方で、言語論理教育だから論理的な思考が大事だと、「話すこと・聞くこと」の授業を思考力の育成に限定して行ってしまっては、音声言語独自のことがらを学ぶことから遠ざかる。言語論理教育を踏まえて実践を試みる場合、車の両輪のように、コミュニケーションと思考、あるいは、外言と内言の双方を大切にすることを基本としたい。

言語論理教育は、「言語化された主張・命題の真偽、妥当性、適合性を、一定の基準にもとづいて判断し評価すること」という定義のもと、「単語―概念の明確さ」「文―判断の正確さ」「文章―論の筋道の正しさ」という項目が設定されている。そのうえで、ものごとを筋道立てて考える「論理的思考」、さらにはものごとの妥当性や適否等まで掘り下げて考える「批判的（クリティカルな）思考」が重視されている。「話すこと・聞くこと」にあっては、こうした思考を、その場で実際に話しながら聞きながら働かせられること、すなわち即応性が求められる。

5 「話すこと・聞くこと」のゴール

さらに「話すこと・聞くこと」のカリキュラムとしては、本書巻末の「手引」や、学習指導要領等を踏まえて、小学校から中学校・高校までの段階のゴールとして、三つの意識を適切に組み入れた学習指導計画がのぞましい。

目的意識　何の目的で、自分は話や発表等の活動を行うのか／聞くのか。最後に、自分や相手がどういう状態になっていることを期待しているのか。

相手意識　相手は、どういう人物なのか。どういう価値観や予備知識の持ち主なのか。相手はいったいどういう状態にあるのか。

方法意識　相手と目的とを考慮したとき、どういうことばを用いて、どういう方法で活動を進めるのが適切か。

これらの意識を、活動の事前の段階において明確化させる。その後、事中、事後にも自己評価の観点として活用させ、確認・点検させることが、学習の質を高めるうえでの前提となる。ゴールを設定し授業づくりに取り組む場合、次に考えるべきは、どのような学習指導方法を採用するかである。わたしたちは二つの方向性を提案したい。

6　第一の方向性——音声言語独自の特徴について考える——

第一の方向性は、音声言語独自の特徴に即して考える機会を提供することである。音声言語活動は一回限りのできごとであり、物理的には何も残らない。文字言語に比べると、場や相手等からの作用が直接的なので、心理的な感化を受けやすい。そのため、文字言語で記したらまったく同一の内容であっても、研究室で専門家が話すのと、雑踏のなかで軽薄そうな人物が話すのとでは、聞き手の側には大きな差が生じるのである。さらに、声の高低や表情、身振り手振りなどといった要素の影響も見逃せない。落ちついた声とせっかちな甲高い声とでは、聞き手側の心理的な反応が変わりかねないのである。こうした要素について、高橋俊三は次のように分類している。

①周辺言語　声の高さ・強さ・速さ、硬軟・緩急・高低などの変化、間・リズムなどの調子、つまり、声の表情としての表現要素

②身体言語　㋐話し手の表情、姿勢、動作、視線、服装などの身体的な表現要素
㋑聞き手の表情、姿勢、動作、視線、服装などの身体的な表現要素
㋒話し手と聞き手との間に見られる相互注視、など

③物品言語　資料が示す表現要素

④状況言語　話し手と聞き手との間の対人距離や位置関係、相互対話のタイミングなど

⑤沈黙の言語[1]

古今東西、噂やデマが人々を混乱させてきた事実からも明らかなように、文字言語に比べて、音声言語では非論理的な反応が起こりやすい。冷静に判断すればおかしいことがらであっても、心理的な感化が増幅されて、群集心

理が働き、パニック状態に陥りやすいからである。そうであるだけに、言語論理教育の果たすべき役割はとりわけ大きい。論理に関わる学習指導に加えて、心理にも踏み込んだ取り組みが欠かせない。声から受ける印象等、人が心理的な感化を受ける際に働く多様な作用について、機会を捉えて学習者が振り返って考える機会を設けたい。

7 第二の方向性——「見える化」を取り入れる——

第二の方向性は「話すこと・聞くこと」の学習指導において、視覚的な補助手段を積極的に活用することで学習の質を向上させることである。わたしたちは「見える化」の導入を提案したい。見える化とは、ビジネス界において使われるようになったキーワードである。仕事の内容やその進め方に関わって漠然としていることがらについて、皆で客観的に判断できるように、可視化することで協働的な考えの深まりを促す取り組みを指す。たとえば、仕事はどこまで進捗しているのか、何をいつまでに解決しなければならないのか、関係者の頭の中にあったことがらを、数字や図表・グラフ等に表すことで、問題を共有し、問題解決に立ち向かうのである。

知識を皆で分かち合い、一緒に考えるために、可視化させるというアイディアは、わたしたち教師にとって有効な手がかりを与えてくれる。もちろん、これまでにも、黒板や模造紙をはじめ、メモ、フリップ、ワークシート等に、文字や記号、あるいは矢印等を書き込むことは行われてきた。わたしたちとしては、「見える化」というキーワードをあえて掲げることで、可視化による長所を自覚してさらに伸ばし、学習を向上させる道筋をつかむことを目ざした。というのも一方で、「百聞は一見に如かず」とばかり、見れば／見せれば、簡単に分かるはずだといった楽観的な先入観が持たれやすいからである。的確な見方／見せ方を工夫しなければ、分かり合えないのだ。

(1)「音声の見える化」による授業改善

素朴な意味での見える化であり、音声言語を視覚的な援助手段によって残すことで学習を深めようとする発想にもとづく。メモやフリップ等の視覚資料を活用することで、個人や集団がその場で行われている話について、見えるようにすることで学習の質を高めることを目ざす。授業を改善するための、ちょうど自転車の「補助輪」のような役割を期待しての導入である。前節の「第一の方向性」でも指摘したように、心理的な感化が起こりやすい音声言語であるだけに、見える化によって、振り返って考える機会を意識的に設けることが不可欠である。

こうした見える化を、表現活動として積極的に生かしたのが、プレゼンテーションである。手書きの掲示物に代表される手作りのローテクから、プレゼンテーションソフトを使用したスライドに代表されるハイテクまでの多様な視覚的補助手段を、音声言語によるコミュニケーションと組み合わせて活用して、相手に分かりやすく効果的に伝えるのである。この学習活動は、いわば、肉声による「マルチ・メディア」として有効である[2]。

(2)「学習活動の見える化」による授業改善

比喩的な意味での見える化であり、学習者が授業に臨む場合に、その授業時間や単元全体の行く末まであらかじめ見えるようにしようという発想にもとづく。教師の小刻みな指示・発問によって学習を導くことがあたりまえになると、学習者は受け身になりがちである。何に向かって学習を進めるのか、そのためにどのような展開や手立てがあるのか、学習者が見えるように改めるのである。これまでにも「めあて」を提示したり、「目標に準拠した評価」として取り組まれてきた実践とも重なる。見える化によって、「わかる」「できる」道筋を保障するのである。

8 「見える化」による話合い・討論の授業改善

「話すこと・聞くこと」における言語論理教育としての大きな到達点は、話合い・討論の学習活動である。その重要性は多くが認めるものの、現状での実態は思わしいとはいいがたい。というのも、一部の学習者が熱心に参加している一方で、残りは議論についてこられず、ぼんやりと、あるいは冷ややかに傍観するといった分断現象も起こりがちである。肝心の議論も、出たとこ勝負のパフォーマンスに転落することと紙一重で、ウケる発言で笑わせたり、些末な争点をめぐる局地戦に陥りがちである。沈黙のまま、あるいは膠着状態で時間切れといった実態もめずらしくない。こうした悩みがとりわけ多い、話合い・討論の授業も、小学校から段階的に見える化を取り入れていくことで改善できるのではないか――わたしたちはそう考え、挑戦したのである。

「音声の見える化」によって、視覚資料を積極的に活用することによる改善が期待できる。論題、あるいはテーマについて、自分たちは何について主張しようとしているのか、何に対して反論しようとしているのか、他の立場の学習者や聴衆が耳でついていくための援助として、見せる。他にも、教師が作成したワークシート等の活用を促して、グループ、さらには学級の学習者が、いま何が議論されているのか視覚的に共有できる機会を意識的に設ける。こうした補助手段を生かして、学習を密度の濃いものにすることによって能力の育成をはかるのである。

「学習活動の見える化」に関していえば、何をどう話し合いたいのか、終わった状態で何がどう論じられているべきかといった点が曖昧なまま、議論が走り出していることが多かった。とりわけディベート等では、どういう順番でどちらの側が何分間発言や質問をするかがフォーマットとして明示されている。そのため、これだけで安心してしまい、最初から最後までやるべきことが決まっているので大丈夫といった油断が生まれやすい。

そこで止まるのではなく、教師も学習者も踏み込んで取り組むようにしたい。すなわち、最後の発言が終わった時点で、何がどう話し合われている状態がゴールとしてのぞましいのか、あらかじめ想定しておくのである。さらにゴールから遡って考えると、そこまでたどり着くためには、先にどういう情報や準備が必要なのか、過程ではどういう意見や質問が出されることが必要なのか、といったことを見える化させる学習を仕組むのである。本来的には、司会者を務める学習者はもちろん、議論に参加する全員が考えておくべきことがらでもある。

もちろん、あらかじめ想定しておいたとおりに実際の議論が進んでいくとは限らない。だが、一回でも流れを「見える」ようにしておくことは、学習者が主体的に議論に参加するうえでの強力な手がかりを持つきっかけを提供することになり、非常に有益である。出たとこ勝負に任せるのではなく、論理的展開を各自が意識して議論に臨むことは、大人の会議にあってさらに重要度が増すことは、読者の方々も納得されることではないだろうか。

9　本書所収の各実践のポイント

以上の理論的な提案に対して、どこまでわたしたちは取り組めているのか、本書所収の「話すこと・聞くこと」の各実践が現時点でのわたしたちの到達点であり、以下、それぞれのポイントについて、解説を加えておきたい。

(1) 読むことの学習から発展させた授業開発の工夫—ことばを集めて「○○の木」にまとめよう

本実践は、二重の意味での「言語論理教育」の実践として高く評価できる。第一に、扱っている内容についてである。一般意味論でいうところの「抽象のハシゴ」の高・低を物差しとして、日頃接している語彙に関して、上位概念と下位概念の関係性について考えさせている。教科書教材「ひろがる言葉」について、読んでまとめて終わりにするのではなく、そこで説明されていた内容を生かして、発展的に考えさせようとする着想は「言語論理教育」を確実に身に付けさせるうえで大事な学習指導といえよう。第二に、「見える化」の発想にもとづく協働を前提とした学習である。「ツリー図」や「○○の木」に即して位置づけを考えながら、「○○物」を分類し、位置づけを決めていく学習は、お互いの考えの交流を促し、堅実な話し合い・学び合いへと導く。教師による的確な学習指導計画、教材の工夫によって、小学校三年生の子どもたちにとって有効な「言語論理教育」が実現している。

(2) 実の場を意識した「聞くこと」学習の手立て―オリエンテーリングの準備は大丈夫?

「聞くこと」の学習指導は、国語科としての領域のなかで最も実践開発が不足している領域である。聞くことを受動的にではなく、論理的に思考する能動的な活動として位置づけ、系統的な提案を行っている点に「言語論理教育」としての値打ちがある。本実践では最初にメモに関する学習が扱われている。学校はもちろん、社会生活でも頻繁に活用しているにもかかわらず、学習としては手薄である。本実践では「正しく聞き取るメモ」から、「実際に使えるメモ」へとレベルアップさせるための手立てが明示されており、大いに参考になろう。さらに発展的に、オリエンテーリングという「実の場」での機会と結びつけている。当日の服装について、聞いて考えた準備を実際に行って、それを「見える」状態で比べて考える経験は、生きる力の涵養の観点からも示唆に富んでいる。

(3) 小学校段階の「話合い」実践に向けた教材開発―新聞広告の写真を読んで、見つけたひみつを話し合う

子どもたちの「話合い」を中身の充実したものにするにはどうしたら良いのか。多くの教師が悩むこの問いについて、正面から向き合ったのが本実践である。話し合うテーマの選定、目的意識の喚起させ、十分な準備の必要性、話し合う方法の明示、「見える化」の発想を生かした教材開発。――楽しんで考える学習指導を実践するうえで何

が大切なのか、本実践から学ぶべきポイントは少なくない。とりわけ、イメージを全面に出した新聞広告を教材として活用して、写真を読み、自分なりのことばに結びつけさせている点は、読みの『正解』がないこともあって、日頃の授業では元気が出ない学習者にとっても、自分の考えに自信を持つことができ、積極的な参加を促すことにつながっている。その広告も、大判のものと、縮小したものの双方を使い分ける配慮は見事である。広告の分析から説得のテクニックへと学習が進んでいる点、「言語論理教育」としての系統が着実に踏まえられている。

ここまで述べてきたような、さまざまな方策を生かして言語論理教育を実践することによって、学習者は社会生活で生きて働くたくましい言語能力や知識を確実に体得できる。読者諸賢のさらなる挑戦を期待している。

付記
本章の構想、執筆、ならびに実践編検討にあたっては、それぞれの執筆者に加えて、村田伸宏（高崎市立吉井中学校）、宮﨑潤一（伊勢崎市立第四中学校）両氏に協力助言者として格別のお力添えをいただいた。さらに、わたしたちが所属する「群馬声とことばの会」全員の協力があって成った成果であることを明記しておく。

注

（1）高橋俊三編『音声言語指導大事典』明治図書、一九九九年、一九頁。引用に際して一部省略した。
（2）井上尚美・関可明・中村敦雄編著『言葉の力を育てる　レポートとプレゼンテーション』明治図書、二〇〇九年。

基礎理論編

4 「言葉のつながり」を意識化する授業づくり

―言葉の様々なつながりに着目した言語活動の積み重ね―

山室　和也

1.「国語の特質」は言葉のつながりから

平成二〇年版学習指導要領における「国語の特質に関する事項」は、それまでの「言語事項」で目指していた基本的な考え方と変わらず、「国語が果たす役割や特質についてまとまった知識を身につける」ことと、「話すこと・聞くこと」「書くこと」「読むこと」のそれぞれの言語活動に「有機的に働くような能力を育てること」とされている。それでは、「国語の特質」に関する「まとまった知識」とはどのようなものなのであろうか。具体的に指導要領で挙げられているどの項目がそれに該当するだろうか。

特に関わりが深いものは「語句に関する事項」、「文及び文章の構成に関する事項」、「言葉遣いに関する事項」の三つになるのではないだろうか。これらは、広く「ことばのきまり」＝「文法」としてとらえることができる。「語句に関する事項」は「文法」ではなく「語彙」に関わることがらではないかと思われる向きもあるだろう。しかし、一つ一つの語句が、文や文章の中で用いられることによって、どのような意味を表し、どのような働きを持つのか、という言葉遣いのレベルの段階まで含めて考えた時、それは単なる語彙の問題ではなくなる。場面や状況（文脈）にふさわしい語の選択と使用、そして、それらの文章や談話（会話）中における連鎖などは、いずれも文法の領域としてとらえて行くことができるだろう。こうしてみてくると、これら三つの事項の中で柱になるのは、「文及び文章の構成に関する事項」であるといえる。そして、それらを構成する要素をとらえる意味で「語句に関する事項」、それらが実際に用いられた時の場面や状況（文脈）との関係を考えるのが「言葉遣いに関する事項」というように、それらは関連している。

一つの文の中でも、語と語との関係という意味では、そのつながりは論理によって支えられている。それが「何（誰）がどうする」「何（誰）がどんなだ」「何（誰）がなんだ」などの判断を示す基本的な単位としての文ということになる。主語・述語の関係を意識して、そのつながりによって論理的にものごとをとらえ、それを他者に伝えるために必要な文や文章の型を学んでいくのである。さらに、その文をどうつないでいくかということも重要な問題となる。そのための一つの指標となるのが、指示語も含めた接続の語句である。つまり、これらに着目することで文章の表現・理解の活動につなげていけるのである。

このように、言語の論理は、言葉のつながりによって成り立っている。それゆえに、言葉のつながりについての理解を確認し、深めておくことが大切である。そこで、その言葉（特に日本語）がどのようなつながりによって成り立っているのかをまずは見ておきたい。

2. 語や文のレベルでのつながり

（1）言葉のタテのつながり―文の組み立て―

言葉は、時間の流れに従って連なり、文を構成する。語の順序（語順）という問題もあるが、無規則に言葉が連なっていくのではない。

例えば、「昨日彼女は赤いハンカチをひろった。」という文で考えてみよう。日本語においては、「彼女」という語の後に「は」が来て、「ハンカチ」という語の後に「を」が来るというように、語と語との関係を表す「は」「を」などは、「彼女」や「ハンカチ」などの内容を表す語の後に続くという規則がある。また、「ハンカチ」について説明する語（修飾語）「赤い」は、「ハンカチ」の前に来てそれを詳しく説明し、これらの語順は逆にはならないという規則もある。その一方で、これらの規則によってつながった言葉「彼女は」と「赤いハンカチを」及び「昨日」の語順については比較的緩やかに、順序を変えることが可能である。これらの言葉が、「ひろった」という言葉によってまとめられ、文ができあがるのである。このことは、「ひろう」という語が示す「行為」が、「誰」によって行われ、「何を」ひろうのかというそれぞれのことがらと論理的に結びついていることを意味する。それゆえに、「が」や「を」が仮に省略されていても、文の意味を理解することが可能となる。

またそれとは別に、「昨日」という言葉は、「彼女が赤いハンカチをひろう」という出来事が文としてのひとまとまりを形成し、その文全体に対して「た」を加えた関係となっている。形の上では「ひろう」の部分が「ひろった」と変わるだけであるが、言葉のつながりは、単純に流れに従っているだけではなく、重なりを持ったものになっているのである。さらに、この文に「たぶん」や「おそらく」などの語を加えることで、文末は「だろう」「はずだ」などの表現が付け加えられることになる。この場合、その文は「昨日彼女が赤いハンカチをひろった」という出来事そのものの不確かさを表す表現となるのである。

このように、文における語と語とのタテの結びつきは単純なものばかりではなく、いくつかの次元が重なりを持って包み包まれる関係を持ちながら構造をなしている。これが、文の組み立てに関わる問題である。その基本に位置づけられるのが、主語（「何が（は）」）と述語（「どうする・どんなだ・何だ」）の関係ということになる。そしてさらに、文の骨組みを構成するものとして、「何を」「何に」などの要素が加わる場合もある。

また、骨組みだけの問題ではなく、「赤い」と「ハンカチ」の修飾する語と修飾される語とのつながりについても、語順という問題だけではない問題を含んでいる。実は、「赤いハンカチ」という説明の表現は、「（その）ハンカチは赤い。」という表現が隠されているということでもある。例えば「彼は偉大な科学者であった。」という文の「偉大な」という修飾語は、「彼は科学者だ。」という文に、「彼は偉大だ。」という判断を表す文を含ませた表現にする働きがある。本来なら、「彼は偉大だ。」という判断に対しての適不適は慎重でなければならないのに、修飾語の形をとることで隠されてしまう。したがって、その修飾語と被修飾語との意味的な結びつきには注意が必要になる。

そして、先程の例文で見たように、「た」が時間を表す言葉と結びついて、文末に表れるように、文末の述語には、さまざまな働きを持った表現が表れてくる。それは、隣接し合う語との関係を超えた語のつながりによって表れる場合も多いので、文全体の構造を考えながらとらえていく必要がある。

（2）ヨコの関係――語彙と意味

言葉は、（1）で見たようなタテの関係だけではなく、その鎖のような連なりを構成する一つ一つの語のレベルには、置き換え可能な他の言葉の集まりというものを想定することができる。たとえば、「彼女」には「私」「彼」「男」、「赤い」には「黄色い」「白い」「小さな」などの言葉のグループがある。このように、タテに連なる一つ一つの語に対して、それぞれ他の候補となる可能性のあるヨコのつながりによってつくられる語の集まりがある。

このヨコのつながりによる語の集まりを「語彙」としてとらえることもできるだろう。それぞれの場所に表れる可能性のある語にはどのような特徴があるのか、どのような種類の語が集まっているのかを考えることが、タテのつながりを作る上でも重要な鍵を握る。

語彙の学習といえば、一般的には語の意味的関係から同意語・類義語、対義語、語の構成から派生語、複合語、語の出自から和語、漢語、外来語など、それぞれの観点で集めたり調べたりという具体的な学習活動に結びつけやすい。さらに、概念上の分類として上位語・下位語などの観点から語を分類することも行われる。このように、語どうしの意味・概念の関係を見るだけでも論理的な思考力を育てることにつながることは多い。

しかし今後は、そのような関係をとらえるだけではなく、ヨコの関係にある語とタテの関係にある他の語とのつながりという視点が必要になってくる。例えば、「赤い」という語は、「ハンカチ」「トマト」「夕日」などとタテの関係で結びつき、文を構成していく可能性があるが、「生活」「学校」などという語とは一般的には結びつきが難しい。「ひろった」という語も「本」「ハンカチ」「お金」などとは結びつくが、「彼女」「昨日」などとの結びつきは難しい。つまり、タテのつながりとヨコのつながりが常に関連し合いながら文が構成されているということなのである。このような語のつながりを連語あるいはコロケーションと呼ぶこともある。そこで、ヨコのつながりを使って言葉の入れ替えをすることで、その文においてその語が選ばれていることの意味を考えて表現を吟味したり、その語から受けるイメージを想像したりするという言語感覚を磨く活動につながっていくのである。

3. 言葉が使われる場面や状況（文脈）との関係

2で、「赤い生活」「赤い学校」や「彼女をひろった」「昨日をひろった」という言葉の関係が不自然であることを指摘した。これらの表現は明らかに不自然であるにしても、これが「バラ色のような生活」「赤いレンガの学校」などの意味が加わることで、表現として許容される可能性も出てくる。このように、文章であれば前後の文脈、話し言葉であればその場の状況や相手との関係などの要素が、言葉の選択にも大きく影響してくる。

つまり、言葉は語のタテとヨコのつながりによって、文を構成していくのであるが、実際には文が用いられ、それがさらにつながって文章を構成していくのである。それゆえに、使われる状況とのつながりによってその文の意味が決定することもあるのである。

平成二〇年版学習指導要領で新たに加えられた「比喩や反復などの表現の工夫」（小学校五・六年、中学校一年）や、従来からある「相手や目的に応じて、話や文章の形態や展開に違いがあることを理解すること」（中学校二年）あるいは、「話し言葉と書き言葉との違い、共通語と方言の果たす役割、敬語の働きなどについて理解すること」（小学校五・六年、中学校二年）などは、みな言葉を実際に使う相手を含めた状況を考慮することが大切になってくる。

このことは、文章の読みにも影響を与えることがある。例えば、あまんきみこの『ちいちゃんのかげおくり』（小学校三年）の中に、

ちいちゃんは、きらきらわらいだしました。

という表現がある。ここでの「きらきら」は、「わらい」方として一般的な表現だろうか。むしろ一般的な表現ではないところに、物語のポイントがあるといえる。

このような、比喩やそれに近い言葉の使い方が、場面や状況（文脈）によって可能となり、単に辞書的な言葉の意味から抜け出して、その場にふさわしい表現となっていくのである。こうして、これまで見てきたタテの関係とヨコの関係とが、言葉の使われる状況によって新たにつながり、言葉の新たな意味が創造されることになる。

また、文章としてのつながりという点では、つなぐ言葉（接続詞や指示語など）についても注意が必要である。そしてさらにそれだけではなく、文章全体で同類の語句がどのように連なっているか、あるいは対比する語句がどのような配置で表れるかなどを見ていくことも、一つ一つは、語句の問題かもしれないが、つながりとして見ることで語彙的な観点（言葉のヨコのつながり）が、活かされるのである。

4.「国語の特質」をどのように学習活動に具体化するか

学習指導要領の「国語の特質に関する事項」の取り扱いについては、それぞれの言語活動に有機的に働くようにするだけでなく、「特定の事項をまとめて指導したり、繰り返して指導したりすることが必要な場合については、特にそれだけを取り上げて学習させるよう配慮すること。」と示されている。いわゆる「取り立て学習」である。今回の指導要領改訂の中では、言語事項の多くが「話すこと・聞くこと」「書くこと」「読むこと」の具体的な内容及び言語活動例の中に移行して、取り立てて扱う項目が精選されたとも言える。しかし、このことは取り立てて扱う項目を、言語活動と切り離された次元で扱うという意味では決してない。したがって、取り立てた学習内容を言語活動の中にどのように取り入れていくかが、この事項の扱いとしては最大の課題となるのである。

小学校段階においては、取り立てて文法的な事項を体系的に学習することはなかなか難しい。むしろ、それまでに学習してきたことを帰納的に振り返り、整理するという形での学習の方が取りやすいだろう。山岡氏の実践のように、その背景に文法指導体系の理論が確立している場合には、たとえそれが小学校一年生からであっても、意識的に、系統立てて指導が行える。ただし、小学校の教科書では、中学校の教科書のように文法的な事項を体系的に示してはいない。それゆえに、小学校段階では各領域における学習・言語活動の中で、必要となる事項を機能的に学習しながら、言葉に対する意識を高めていくことが中心となるのである。

しかし、だからといって教師の側で、言葉に対する体系的な認識を持っている必要がないというわけではない。中学校の国語教科書の巻末や副読本の説明を見ることを手始めとして、各実践・理論における体系のとらえ方を押さえておくことが、機能的な学習活動を行う際の前提として、まず教師には求められる。

その上で、小学校における学習活動の具体化については、子どもの発達段階というものを考慮して、大きく三つの方向から具体化していくのである。それは、文の骨組みを意識すること、言葉の使われ方に目を向けること、そしてもう一つが表現を豊かにする修飾語や、文をつなぐ言葉の働きに着目することである。いずれも「言葉のつながり」をそれぞれの観点から意識化することが中心的課題となる。以下、実践論文に触れながら見ていこう。

5. 文の骨組みを意識化する学習を継続的に行う——山岡実践から

山岡氏の実践は、数時間の連続した単元ではなく、小学校に入学したばかりの一年生の子どもたちと、国語の授業を中心に、文に対する意識を育てることを目指して、段階的に半年以上かけて行われたものである。こうしたことの積み重ねによって、子どもたちは論理的にものを考えるようになっていく。山岡氏が述べているように、入学したての子どもたちはそれまでの幼児教育の段階で、話し言葉を中心とした言葉、つまり岡本夏木のいう「一次的言葉」（注・岡本夏木『言葉と発達』岩波新書より）の中で生活をしている。そして、小学校の入学を契機に、より広い社会性が求められるようになり、学習活動においても、話し言葉から書き言葉を中心としたものに次第にシフトしていかなければならなくなる。これがいわゆる岡本夏木による「二次的言葉」の獲得ということでもある。山岡氏の一連の実践は、入門期の段階からそのことを意識しながら、そこに「判断としての文」の基本的なつくりをしっかりと定着させて行くことを意図したものである。

小学校一年生といえば、集団生活の中で学習する環境を作ること、学習に興味を持ち、それを生活の中に位置づけて行くことなどに重点が置かれて、国語の学習における言葉に関する事項は、どうしても後手後手に回されがちである。特に入門期は、話し言葉から書き言葉へのシフトに関わり、発音・発声と文字・表記との関係がクローズアップされる。その中で、話し言葉を否定することなく、話し言葉の活動の中でも、「あたま」と「からだ」を意識させること、そしてその積み上げが、書き言葉の実践においても形となっていることがよくわかる。そして、これらは取り立てによって頭ごなしに植え付けるものではなく、学校生活の様々な場面において、折に触れて確かめながら、くり返し学んで定着させていくことでもある。「一年生からは無理」と初めから避けるのではなく、基本的な文の意識をしっかりと持たせることが、読む、書くだけでなく、話す・聞くにも影響することとなる。

6．言葉の使い方（使われ方）に目を向ける力を育成する──村上実践から

高学年になると、これまで身につけてきた言葉そのものの面白さや不思議さから、言葉に対する興味が出てきて、言葉（日本語）の特徴を理解するようになる。言葉のきまりの定着や語彙の量の増加を前提として、それらを用いることの妥当性や、状況における言葉の効果や語感などを問題とするのである。これはいわゆるメタ言語能力の発達である。村上氏の実践はまさにそれを具体化したものといえよう。言葉そのものの学習というと、他の説明文教

材のようにただ読みとるだけの授業になってしまうことも多い。また、決められた例文をもとに説明がなされ、ドリルで問題演習をしておしまいという形にもなりやすい。

せっかく芽生えてくる子どもたちの言葉に対する興味を、子どもたちの日常の生活と結びつけて、実感としてとらえさせるには、やはり何らかの工夫が必要となる。今回の実践では、寸劇の活動を取り入れることで、子どもたちがTPOを自ら設定して、実際に言葉を使ってみせるのである。それは、子どもの直接体験だけではなく、テレビや映画など、間接的に日常生活の中で見聞きした経験に基づいたものもある。子どもたちは、これらの言語活動を通して、言葉が使われる場面・状況によってその意味が決まってきたり、あるいは逆にその場面・状況によって表現が決められてきたりするということを身を持って学ぶことになる。

このように、自分たちが使っている言葉をメタ的にとらえる経験が、ものごとをより高次にとらえるきっかけになる。子どもたちの具体的な言語活動は、何も寸劇だけに限ったことではないだろう。村上氏の指摘にもある通り、マンガ・写真やテレビなど動画映像の一部分を切り取りながら、自由な創作活動を展開する中で、さらに多くの特徴をとらえ、思考活動に活かしていくことが大切である。

7. 表現を豊かにする修飾語、文をつなぐ指示語・接続語に着目する

―言葉のつながりから広がりへ

5・6で低学年、高学年について取り上げた。ここでは、中学年について焦点を当ててみたい。学習指導要領では、中学年において「修飾と被修飾の関係」「指示語や接続語」について学習するようになっている。そこでまず、文の骨組みをつかんだ上で、さらにそれを肉付けする「修飾と被修飾の関係」をしっかりとらえるようにしていきたい。例えば、新美南吉の『ごんぎつね』（四年生）における結びの一文で考えてみたい。

青いけむりが、まだ、つつ口から細く出ていました。

まず、この文の骨組みをとらえるなら「けむりが、つつ口から、出ていました。」となる。この骨組みに加えて、「青い」「まだ」「細く」という語が修飾語として文中に表れるのである。骨組みの読みとりはもちろん大切であるが、文学作品の読みとりの場合は特に、この修飾、被修飾の関係に着目することが作品世界の理解につながってくる。ここで活用されるのが、言葉のタテとヨコの関係である。「青い」ではなく「白い」だったらどうか、「細く」とはどういう状態か、「太く」ではなぜだめかなど、その語が用いられている意味を、同じヨコの関係にある語と比較しながらとらえていくのである。また、「まだ」がなぜ用いられているのかを「ている」との結びつきから考えてみるのである。すると、鉄砲でごんが撃たれてから経過した時間の短さ、けむりのゆっくりとした動きなどを想像させるきっかけともなる。これらの言葉の修飾・被修飾の関係に留意することは、言葉のつながりから、広がりを意識させる学習に発展させることになる。

「指示語や接続語」については、説明的文章教材の読みとりで顕著に表れてくる。中学年の教材の中から、典型的な表現を取り出してみると次のようなものが挙げられる。

・『アリの行列』（三年生）「はじめに」→「次に」→「これらのかんさつから」→「そこで」→「この研究から」

・『「かむ」ことの力』（四年生）「まず」→「次に」→「さらに」→「このように」

これらは段落の初めに表れたものを抜き出したもので、ことがらの順序や関係をつかむ上で重要な働きをしていることを理解させる上で典型的な言葉といえるだろう。しかし、それ以外にも文と文をつなぐ指示語や、接続語があることも見逃せない。例えば、文学的文章の読みとりにおける接続語のつながりが挙げられる。学年は高学年になるが、重松清『カレーライス』（六年生）では、主人公の「ぼく」の揺れる気持ちが、逆接の接続語のつながりで巧みに表現されている。一例を示すと、次のようなものがある。

・分かってる、それくらい。でも、分かってることを言われるのがいちばんいやなんだってことを、…
・…自分を冷やかす自分も、むねのおくのどこかにいるんだけど。

この文章のように、文章全体を通して繰り返し用いられる接続語どうしのつながりに着目することでも文章の読みを深めることに活かせるのである。指示語や接続語が文章全体を通して、どのような働きをしているのかを考えさせることが、言葉のつながりや広がりをつかむことになるのである。

8. 国語の特質を意識した実践の積み重ねを

これまで述べてきたように、「国語の特質に関する事項」の実践で、言語論理教育との結びつきを意識したものはまだ多くはないのが実情である。もちろん、内容的には、それぞれの領域の学習活動の中で、すでに含まれているものが多いのも確かである。しかし、子どもたちが獲得してきた言葉そのものを見つめ直し、意識的に言葉を使い、その感覚を磨いていくためには、「言葉のつながり」をより強く意識した実践の積み重ねが必要となる。

それは、取り立ての学習としての方法の開発も含まれるし、その他の領域の学習活動において身につけるべき事項として、より明確にしていけるかが問われている。特に言語活動が重視される中で、その活動を支える言葉のはたらきやつながりに目を向け、系統的に小学校から中学校までの指導の系統性を構想していく必要があるだろう。

おわりに

「論理的思考」に関することを「とり立てて」指導しようとする試みは、近年、方方で行われるようになってきた。たとえば、

・広島県安芸高田市立向原小学校での、文科省研究開発校の指定に基づく「論理科」の設定（三年間）
・同県三原市立木原小学校での、「楽しく論理力が育つ国語科授業づくり」
・東京都立桜修館中等教育学校（目黒区にある中・高一貫校）の「国語論理」と「数学論理」
・東京都世田谷区での「教育特区」としての「日本語」（小学校）、「哲学」「表現」（中学校）の取り組みなど。

その他にも、同様のテーマでの研究協力校などが相当数に上っているという。

かつて、言語学者大久保忠利氏は「言語能力学」というのを提唱した。私は、ひそかに、現在特設されている「道徳」と「総合的な学習の時間」とを統合して、たとえば「言語と論理」「子どもの哲学」というような科目を設置することを夢見ている。

似たような試みとして、東京都杉並区立和田中学校に始まった「よのなか科」というのがあるし、品川区では「市民科」というものもある。

また、イギリスでは、ＢＢＣの番組で「６歳のソクラテス教室」（一九九〇年制作）というのがあったし、アメリカでは、Ｍ・リップマン（Lipman, M.）による「子供のための哲学」というのもある。

さらに、八田幸恵氏（福井大）によれば、イリノイ州の国語科スタンダードでは「読むこと」「文学」「書くこと」「話

すこと・聞くこと」と並んで、「研究（Research）」という分野を設定し、合計五領域になっている。他の州でも同様の領域を採用している所もあり、また「メディアリテラシー」に関する領域を立てている州もあるということである（八田幸恵「国語科の目標を設定する」『教育』二〇一〇・一一月号　国土社）

右に述べた「研究」とか「メディアリテラシー」に関する領域は、教科横断的な言語活動の領域であるが、その中身は、私の主張している「言語論理教育」の内容に、最近著しい発達を遂げているＩＣＴ技術の成果を利用する内容を加えたものとも考えられる。

また、たとえ一つの「科目」として設定されなくても、小学校の高学年以上の国語科の一領域として「言語（国語）論理」という分野を（桜修館中等学校のように）設置することは、近い将来必ずや現実のものとなるであろうと私は予言する（それに対応する教科書としては、例えば拙著『思考力育成への方略』〈明治図書〉07　Ⅵ章　を参照されたい）

本書は、「言語論理教育」が少しでも小学校の実践に根付くようにという願いを籠めて編集されたものである。ご批判・ご叱声を期待する。

編者代表　井上　尚美

「言語論理教育」指導の手引（小学校編）

06.6.14　井上（試案）

10.10.10　井上（改定案）

第1　目　標

言語論理教育は、次の３点について判断できる能力を子どもにつけさせることを目標とする。

（1）　論の進め方は正しいか。（妥当性）

（2）　情報の内容は真か偽か。（真偽）

（3）　情報はどの程度確かであるか、また、現実と照らし合わせて適切であるか。（情報の確実性、適否）

第2　各学年段階の目標及び内容

〔小１～２年〕

1　目　標

（1）「語」意識、「文」意識を持つことができる。

（2）「比較（対比）、分類、選択、列挙、順序」などの論理操作ができるようにするとともに、それらを使って考えていこうとする態度を育てる。

（3）　この段階に適した論理語彙を理解し、自分でも使うことができる。

2　内　容

A　語（概念の明確さ）

ア　語の区切りを意識して使うことができる（語の認定）。

イ　個別の事物を表す語、事物をまとめて言う語があることを理解することができる（例、キャベツ→野菜）。

ウ　下記の論理語彙を理解し、また、使うことができる。

「くらべる、おなじ、ちがい。　　えらぶ、じゅんじょ。　　ぜんぶ、

わける、まとめる、つなげる」

B　文（判断の正確さ）

ア　一語文やダラダラ文でなく、主語（主部）・述語（述部）の整った文で表現することができる（「なにがなんだ文」〈名詞文〉、「なにがどうする文」〈動詞文〉、「なにがどんなだ文」〈形容詞文〉）。

イ　今のことや過ぎ去ったことを区別して表現することができる。

ウ　二つの物事を比べ、違いや共通点を述べることができる（例、「Aは○○だけど、Bは××です」）。

C　文章（論の筋道の正しさ）

ア　記述されている物事の時間的・空間的順序（「はじめに――つぎに――それから」など）を理解し、使うことができる。

イ　理由を考えて文章を理解し、また、使うことができる。

ウ　記述されている物事を自分の経験・知識とつなげて理解し、また、使うことができる。

〔小3～4年〕

1　目　標

（1）「段落」意識を持つことができる。

（2）「説明、仮定（仮説）、推論」などの論理操作ができるようにするとともに、それらを使って考えていこう、とする態度を育てる。

（3）この段階に適した論理語彙を理解し、使うことができる。

2　内　容

A　語（概念の明確さ）

ア　「対」をなしている語（男・女）や「系」をなしている語（東西南北）を理解し、また、使うことができる。

イ　指示語、接続語の文章展開上の機能を理解し、使うことができる。

ウ　上位概念と下位概念の関係を理解し、また表現することができる。

エ　物事を一定の基準にもとづいて分類することができる。

オ　下記の論理語彙を理解し、また、使うことができる。

「比較、区別、分類。　　関係、変化、予想。　　原因—結果、理由—結論、全体—部分。」

B　文（判断の正確さ）

ア　文末表現には送り手（話し手・書き手）の判断の確からしさの程度が表われていることを理解し、また、自分が表現するときにも注意することができる。

イ　述語が自動詞の文と他動詞の文の違いを理解し、また、表現することができる（とくに自動詞の文の「隠れた主語」に注意する。）

ウ　意味や機能の上から文の種類に注意を払い、その用法の違いを理解し、区別して使うことができる（例　報告—推論—断定など）

C　文章（論の筋道の正しさ）

ア　５Ｗ１Ｈを意識して、文章を読んだり書いたりすることができる。

イ　目的や必要に応じて情報を取捨選択することができる。

ウ　理由や事例（データ）を挙げて説明することができる。

エ　文章全体における段落の役割や段落相互の関係を理解し、読んだり書いたりすることができる。

オ　レポートやプレゼンテーションの型を理解し、使うことができる。

〔小5～6年〕

1　目　標

（1）　文章全体の構成への意識を持つことができる。

（2）　文章を分析し、推論、批判（吟味・評価）、説得などの論理操作ができるようにするとともに、それらに基づいて考えていこうとする態度を育てる。

（3）　この段階に適した論理語彙を理解し、自分でも使うことができる。

2　内　容

A　語（概念の明確さ）

ア　重要な語を定義したり、意味の及ぶ範囲を考えたりして使うことができる。

イ　指示語、接続語（とくに「補足、但し書き、転換」などを示す語）の機能を理解し、また、使うことができる。

ウ　抽象語の意味内容を理解し、具体例を挙げたりして使うことができる。

エ　下記の論理語彙を理解し、また、使うことができる。

「根拠、条件、仮定、前提、データ。　　構成、構造。　判断、批評、批判。　　具体―抽象、一般―特殊、主観―客観」

B　文（判断の正しさ）

ア　文がある物事の全体について述べているのか、その一部について述べているのか（「すべて」か「ある」か）の区別を理解することができる（早まった一般化をしない。）（例「男はみんな狼よ？」）

イ　文中での様々な比喩（直喩、隠喩など）や象徴の効果や適切性について理解し、また　使うことができる。

ウ　文中での、言葉の感化的使用を吟味することができる（ネーミングによる印象の違いなど）。

C　文章（論の筋道の正しさ）

ア　文章全体の構成（「序論・本論・結論」や「起承転結」など）を理解し、また、使うことができる。

イ　討論、ディベート、説得、反論などの構造や型を理解し、使うことができる。

ウ　レポートやプレゼンテーションの技術を理解し、また、使うことができる。

エ　なにかを仮定したり仮説を立てたりして、物事を考えることができる。

オ　根拠や理由を明らかにして、自分の考えや意見を論理的に主張することができる。

カ　情報（図、写真、映像等も含む）の妥当性、真偽、適否を分析し検討することができる（例、データは十分か。その事象を代表する典型例か。隠されたデータはないか、反対の立場からのデータはあるか）

（注）

1．この「指導の手引」は、国語科の指導領域全体をカバーするものではない。ただ、従来の「学習指導要領」で述べられていないが重要だと思われる事項、また、述べられてはいるが必ずしも十分に扱われていなかった領域の指導について、「言語論理教育」の立場から強調したものである。文科省の「要領」は、最近では「最低の基準を示したもの」と文科省自身が認めている。とすれば、この「手引」は、現行の「要領」を補完するものといえるし、数年後の次回の「要領」改定に向けての示唆を与えるものともいえるであろう。

2．本書の姉妹編である別冊の『論理的思考力を鍛える国語科授業方略』（中学校編）も参照していただければ幸いである。

小学校編　執筆者紹介

所属は執筆時のもの、その後異動された方については現所属を（　　）内に記した。

編著者

井上尚美　東京学芸大学・創価大学名誉教授
大内善一　茨城大学
中村敦雄　群馬大学
山室和也　国士舘大学

実践編執筆者

新井正樹　群馬大学附属小学校
飯村真由美　茨城県ひたちなか市立那珂湊第三小学校
加藤勢津子　茨城県水戸市立三の丸小学校
熊谷崇久　群馬大学附属小学校（群馬県立図書館）
品川孝子　群馬県前橋市立総社小学校
関根京子　茨城県守谷市立大井沢小学校
高木輝夫　茨城大学附属小学校
髙橋美保　群馬県高崎市立倉賀野小学校
村上智樹　北海道札幌市立幌南小学校
山岡寛樹　児童言語研究会
小野瀬雅美　茨城県日立市立水木小学校

調査・研究編執筆者

岩永正史　山梨大学
大江実代子　兵庫県明石市立大久保小学校
渡邊洋子　常磐大学

論理的思考を鍛える国語科授業方略【小学校編】

平成24年3月3日　発行

編　者　井上尚美・大内善一・中村敦雄・山室和也

発行者　株式会社　溪水社
広島市中区小町1-4（〒730-0041）
電話（082）246-7909／FAX（082）246-7876
E-mail：info@keisui.co.jp
URL：www.keisui.co.jp

ISBN978-4-86327-176-0　C3081